ネルソン・マンデラ

——分断を超える現実主義者《リアリスト》

堀内隆行
Takayuki Horiuchi

岩波新書
1888

はじめに――映画や本に描かれたマンデラ

『インビクタス』

南アフリカは、日本から遠く離れた国である。行くにしても現在直行便はなく、乗り継ぎの待ち時間を除いても最低一八時間はかかる。だがそのような国のことでも、多くの日本人はネルソン・マンデラの名前と顔を知っている。アパルトヘイト（人種隔離政策、一九四八―一九九一年）の撤廃に尽力し、大統領も務めた「現代の偉人」として、である。しかし、私たちが日本でマンデラについてより詳しく知ろうとするとき、そこにはどのような媒体が存在するだろうか。インターネットも便利だが、重要なメディアはやはり映画と本かもしれない。ただし、いずれも翻訳ばかりである点が両国の距離を感じさせる。

マンデラ映画のなかでもっとも有名なのは、『インビクタス――負けざる者たち』（二〇〇九年）だろう。クリント・イーストウッドの監督作品で、マンデラ大統領とラグビーの南アフリカ共和国ナショナルチームとの交流を描いている。マンデラをモーガン・フリーマン、チームのキャプテン、フランソワ・ピナールをマット・デイモンが演じた。公開から一〇年後の二〇一九年にも、ラグビーワールドカップ日本大会をきっかけに改めて見直されたようである。

ラグビーというテーマの選択は、この映画にとってきわめて重大な意味を持っている。近代スポーツ発祥の地イギリスでは、労働者階級のサッカーに対して、ラグビーは上流階級の競技種目とされた。両者はやがて、イギリスの植民地だった南アフリカにも輸出される。だがここでも、ラグビーは白人の、サッカーはアフリカ人のスポーツとして分断された。

アパルトヘイトの時代、白人選手のみのラグビーナショナルチームは人種差別の象徴と見なされる。例えば、このチームは「スプリングボクス」の別名を持つ。スプリングボックは南アフリカに生息する、シカに似た動物だが、国軍兵士の愛称として用いられるなど、白人男性の男らしさを体現してきた。そしてアパルトヘイトが終わっても、「スプリングボクス」チームの性格は変わらなかった。応援する白人の観衆たちはアパルトヘイト以前の国旗を振り、以前の国歌を歌いつづけた。これに対して、アフリカ人たちが主導する新生国家のスポーツ統轄組織は当然ながら反発し、チーム名の変更などを決議する。

しかし、マンデラの考えは違った。彼は、白人たちを赦す寛大な心を説き、決議を撤回させる。その一方で、キャプテンのピナールをアフタヌーンティーに招き、新たな役割を引き受けるよう求めた。新たな役割とは、アフリカ人たちを含む国民の士気を高めることである。ただし、マンデラは命令しなかった。彼の要求のしかたは遠回しで、ピナールには初め、何の話かわからなかった。押し付けがましい説得ではなく、相手が納得して行動することを重視したものである。マンデラの他者尊重の政治スタイルにかかわる、興味深い場面だが、微妙なニュアンスについてはぜひ映画をご覧いただきたい。

その後、ピナールは次第にマンデラの意図を理解し、実行に移していく。選手はアフリカ人地区で子どもたちをコーチし、試合では率先して新国歌を歌うようになった。そしてチームは、一九九五年のワールドカップ南アフリカ大会で大方の予想に反して優勝する。スプリングボクスは、新生南アフリカにおける人種間の和解の象徴となった。またこの大会は、テレビを含めると世界の約一〇億人が観戦したため、和解は国際的にも認知されることとなった。

P-1　マンデラとフランソワ・ピナール

P−2　ロベン島の監視塔

『マンデラの名もなき看守』と『自由への長い道』

以上のように『インビクタス』は、全体のテーマも個々の場面も示唆に富んでいる。だが、この作品を通して知ることができるのは、アパルトヘイト後のマンデラについてだけとも言える。それ以前の時期に関しては、映画『マンデラの名もなき看守』(二〇〇七年)がある。

マンデラは一九六二―九〇年の二七年間、獄中にあった。一九一八年生まれだから、四四歳から七一歳までになる。映画は、その時期に看守を務めた白人ジェイムズ・グレゴリーの回想録をもとにしている。グレゴリーは当初、マンデラをテロリストと危険視していた。しかし、やがて彼の人間的魅力に感化され、考えを改めていく、というストーリーである。

ただし、内容の一部は事実ではない。回想録と映画は、二人の交流が一九六八年に南大西洋上のロベン島の監獄で始まった、としている。だが当時、グレゴリーの任務は手紙の検閲で、マンデラと直接かかわることはなかったようだ。また作中では、接触は八二年、マンデラがケープタウン近郊のポルズムーア刑務所に移されてから本格化するが、その描写にも誇張が見られる。マンデラ自身、グレゴリーによる友情物語の捏造には不快感を示した。しかしそれでもなお、獄中のマンデラのようすやアパルトヘイト下の白人の考え方を伝える貴重な作品ではある。

『インビクタス』と『名もなき看守』は、いずれもマンデラの特定の時期に焦点を絞っている。これに対し、マンデラの生涯にわたる伝記としては、自伝『自由への長い道』(一九九四年)が代表的と言える。二〇一三年に映画化されたが、映画と原作の内容にはかけ離れているところも多い。

他方で、原作にも注意しなければならない点はある。マンデラが自伝を書き始めたのは一九七〇年代半ば、ロベン島の監獄でのことだった。だがすでに獄中で、マンデラの草稿は同志たちによって検討、修正された。この作業のことを、同志の一人アーメド・カトラダは「編集委員会」と呼んでいる。さらに九〇年代には、アメリカ合衆国の『タイム』誌の記者リチャード・ステンゲルが関与した。ステンゲルは原稿を再修正するとともに、マンデラへのインタビューにもとづいてその後の章を書き足した。同志たちやステンゲルの一連の作業により、『自由への長い道』は、背景を知らない者にとっても読みやすく、また感動的な作品になっている。反面、当たり障りがなく公式的で、マンデラの本来の姿から乖離《かいり》したことも事実である。

分断を超える現実主義者《リアリスト》

マンデラに関する本は他にも挙げれば切りがないが、詳細は巻末の読書案内を参照されたい。概略だけ述べれば、その多くは映画の『インビクタス』や『名もなき看守』と同様、特定の時期に対象を限っている。一方で、生涯にわたる伝記も少なくないが、マンデラの同志たちが書いたものについては、黒人を含む政敵への偏見を否定できない。これに対して、ジャーナリストや歴史家による伝記のいくつかは優れているものの、日本語に関しては抄訳だったり、そもそも翻訳されていなかったりする。

本書は、マンデラのハンディな評伝を目指す。今われわれは、偏狭なナショナリズムが跋扈《ばっこ》する世界に生きている。他方マンデラは、そのような分断を超え、誰もが想像し得なかった「和解」を成し遂げた人だった。一九九一年のアパルトヘイトの撤廃から三〇年、二〇一三年のマンデラの死から八年が経ったが、彼の経験を振り返ることで、偏狭なナショナリズムを超えるビジョンが見えてくるかもしれない。

だが本書は、マンデラを「聖人」とは見なさない。「わたしは天使ではない」とは、他ならぬマンデラ自身の言葉である。またマンデラの評伝の多くも聖人視を避け、家族関係の悩みなど、あえて彼の人間的側面に光を当ててきた。しかし人間的側面ばかりを見ることは、「マンデラもまたわれわれと同じだった」と、かえって彼の重要な側面を見落とす結果にもなる。

その側面とは、政治家としてのマンデラである。マンデラは、一貫した思想を説きつづけたわけでは決してなかった。人種差別と対決する姿勢は終生変わらなかったものの、それを実現する方法は時々に変化した。こうした「現実主義者《リアリスト》」マンデラを描くことが本書の課題である。

サブタイトル――分断を超える現実主義者《リアリスト》――には、そうした思いを込めたつもりだ。最後に一つだけ波紋を広げておこう。一九九三年四月、イギリスのある週刊誌は、若い南アフリカ黒人たちのあいだに広まる都市伝説を報じた。この都市伝説によれば、「本物のマンデラは刑務所で殺された」。そして、「そっくりさんが長年白人によって訓練され、ついに一九九〇年〔の釈放で〕人々に紹介された。このそっくりさんの使命は体制に逆らう振りをすることだが、実は体制のために働いている」という。もちろん根も葉もない噂話だが、人々はなぜ、マンデラが「体制のために働いている」と感じたのか。これについても考えていきたい。

略語一覧

ANC(African National Congress)　アフリカ民族会議
AU(African Union)　アフリカ連合
GEAR(Growth, Employment, and Redistribution Strategy)　成長・雇用・再分配計画
ICU(Industrial and Commercial Workers' Union)　産業商業労働者組合
MK(Umkhonto we Sizwe)　ウムコント・ウェ・シズウェ、「民族の槍」の意
PAC(Pan Africanist Congress もしくは Pan Africanist Congress of Azania)　パンアフリカニスト会議
PAFMECSA(Pan-African Freedom Movement of East, Central and Southern Africa)　東・中央・南部アフリカのためのパンアフリカン自由運動
RDP(Reconstruction and Development Programme)　復興開発計画
SADC(Southern African Development Community)　南部アフリカ開発共同体
SANNC(South African Native National Congress)　南アフリカ原住民民族会議
UDF(United Democratic Front)　統一民主戦線

ヴィッツ大学　ヴィットヴァーターースランド大学
ランド　ヴィットヴァーターースランド(地名)

目　次

目次

第1章

首長の家に生まれて

一　人間主義《ウブントゥ》の「伝統」

誕生と少年時代

マンデラは一九一八年七月一八日、当時のケープ州にあるムヴェゾ村で生まれた(図1-1)。父はンコシ・ムパカニスワ・ガドラ・マンデラと言い、母ノセケニはその第三夫人だった。父は村の首長であり、またアフリカ人小王国の王家の一員でもあった。この小王国はテンブ王国と呼ばれるが、アフリカ人という言葉も含めて少し説明が必要だろう。

アフリカの自然環境と言えば、多くの人はジャングルや砂漠を思い浮かべるのかもしれない。だが、南アフリカの東半部は温帯で、ここでは古くから、バントゥー諸語を話す農耕牧畜民が暮らしてきた。本書では、この農耕牧畜民に限ってアフリカ人と呼ぶ。南アフリカのアフリカ人はズールー人、コーサ人などに分けられるが、テンブ王国のテンブ人はコーサ人の一グループに当たる。現在のアフリカ人の人口は四〇〇〇万人、そのうちコーサ人は八〇〇万人、テンブ人は八〇万人だが、マンデラが生まれた一九一〇年代のアフリカ人は、今の約一〇分の一の

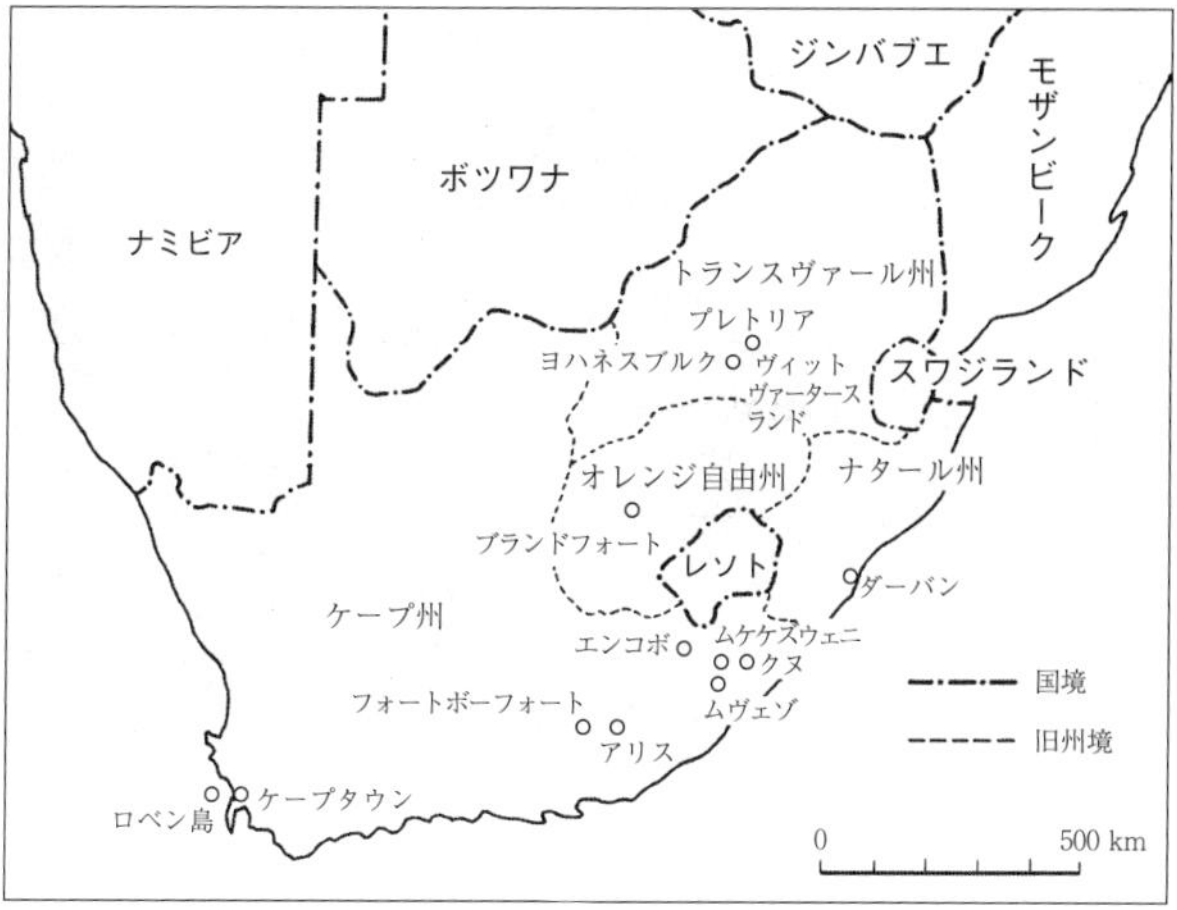

1-1　南アフリカの古い州区分

人口しかいなかった。

話を元に戻そう。マンデラの父はテンブ王家の一員だったが、分家のため、王位を継ぐ可能性はなかった。しかし、王の相談役としては重要な役割を担っていた。ところが、一九二五年ごろ「ある揉めごとに巻き込まれて」(自伝『自由への長い道』)村の首長の地位を失う。一家は、ムヴェゾの北東にあるクヌ村に移った。だがその後も、父は相談役の立場を保ったようだ。特筆すべきは、二八年に王が亡くなった際の経緯である。王子が幼かったので、中継ぎとして摂政を置く必要が生じたが、マンデラの父は三人の王弟のなかでジョンギンタバ・ダリンディエボ首長を推し、彼が摂政になった。

もちろんこうした政治の問題と、幼いマンデ

1-2　ムケケズウェニのマンデラの住居

ラは無縁だった。彼は、農村的な喧騒のなかで育った。家は「常に親類の赤ん坊や子どもたちでにぎわって」おり、マンデラには、当時「ひとりでいたという記憶がまったく」なかったらしい。牧童などの仕事は与えられていたものの「ひまな時間はたいてい、草原で村の少年たちと遊んだり、けんかをしたりしていた」。アフリカの少年が、棒術という、木の枝を使った武術に興じるようすは、映画『マンデラの名もなき看守』にも描かれている。特に、七歳ごろから過ごしたクヌは、マンデラにとって生涯忘れることのできない故郷となった。

しかし、クヌでの生活は長くはつづかなかった。一九三〇年、マンデラが一二歳のとき、父は結核のため亡くなる(『自由への長い道』などはその年齢を九歳ないし一〇歳としているが、これは最近では誤りとされる)。臨終の床で父は、自分が推して摂政にしたジョンギンタバ首長に息子の後見を託した。首長は願いを聞き入れ、まもなく、宮廷のあるムケケズウェニにマンデラを引き取る。

宮廷での経験

ジョンギンタバ首長は、自分を摂政に推してくれたマンデラの亡父に恩義を感じ、その遺志によく報いたようだ。首長夫妻がマンデラを実の子どもたちと分け隔てなく育てたことには、マンデラ自身を含め数多くの証言がある。マンデラは、ことに夫妻の長男ジャスティスと親しくなった。

1-3　ジョンギンタバ・ダリンディエボ

その一方でマンデラは、ムケケズウェニの宮廷で摂政としての首長を間近に観察し、初めて政治に触れた。『自由への長い道』は、この経験がマンデラの、「リーダーシップというものに対するその後の……考えかたの大きな基礎を作った」としている。

摂政のリーダーシップは、特に会議で発揮された。宮廷の会議には、テンブ人の男性であれば誰もが自由に参加できた。彼らはまた自由に発言し、摂政を批判することも許された。だが、当の摂政はと言えばそのあいだ、口を開かなかった。会議の冒頭では出席への礼を述べ、招集の理由を説明したものの、その後は一人一人の主張に根気よく耳を傾け、自分の意見を述べるのは最後だった。ジョンギンタバ首長は「指導者というのは羊飼いのようなものだ」と語っていた、という。「羊飼いは群れの後ろにいて、賢い羊を先頭に行かせる。あとの羊たちはそれについていくが、全体の動きに目を配っているのは、後ろにいる羊飼いなのだ」。

1-4　デズモンド・ツツ

このエピソードは、例えば映画『インビクタス』の、マンデラとスプリングボクスのキャプテンのピナールが面会する場面を思い返すと興味深い。映画でもマンデラは命令せず、遠回しだった。

さらに、マンデラにかんする著作のなかには宮廷会議のエピソードに限らず、アフリカ人社会におけるウブントゥの「伝統」がマンデラの人格・思想形成に重大な影響を及ぼした、と考えるものもある。ウブントゥは、人間主義とでも訳せばいいだろうか。反アパルトヘイトの活動家で、一九八四年にノーベル平和賞を受賞したデズモンド・ツツ大主教(南部アフリカ聖公会)は、この言葉を次のように定義している。「親切、思いやり、もてなし……自分が他人と結び付いていると知ること」。クヌでの少年時代なども併せて考えれば、マンデラの周囲には、そうした世界がたしかに広がっていたのかもしれない。

だが、アフリカ人社会の伝統を強調し過ぎることは誤りと言える。当時の南アフリカは、植民地化の開始からすでに二五〇年以上経っていた。もちろんムヴェゾやクヌやムケケズウェニでは、白人の姿はほとんど見掛けなかった。しかしそうだとしても、西洋の影響を取り除いた、「純度」の高い伝統を抽出することは不可能だっただろう。マンデラ自身、ムケケズウェニでは古老から植民地化の歴史をよく聞いた、という。われわれもこれに倣ってみたい。

植民地化の二五〇年

一六五二年、南アフリカで初めてヨーロッパ勢力が入植したのは南西部(今日のケープタウン)だった。このヨーロッパ勢力は、オランダ東インド会社である。一七世紀半ばのヨーロッパでは同社が商業覇権を握っており、遠い日本でも、長崎の出島で唯一交易を許されていたのはオランダ人だった。そして、アジア航路を行き交う船の補給基地として、天然の良港ケープタウ

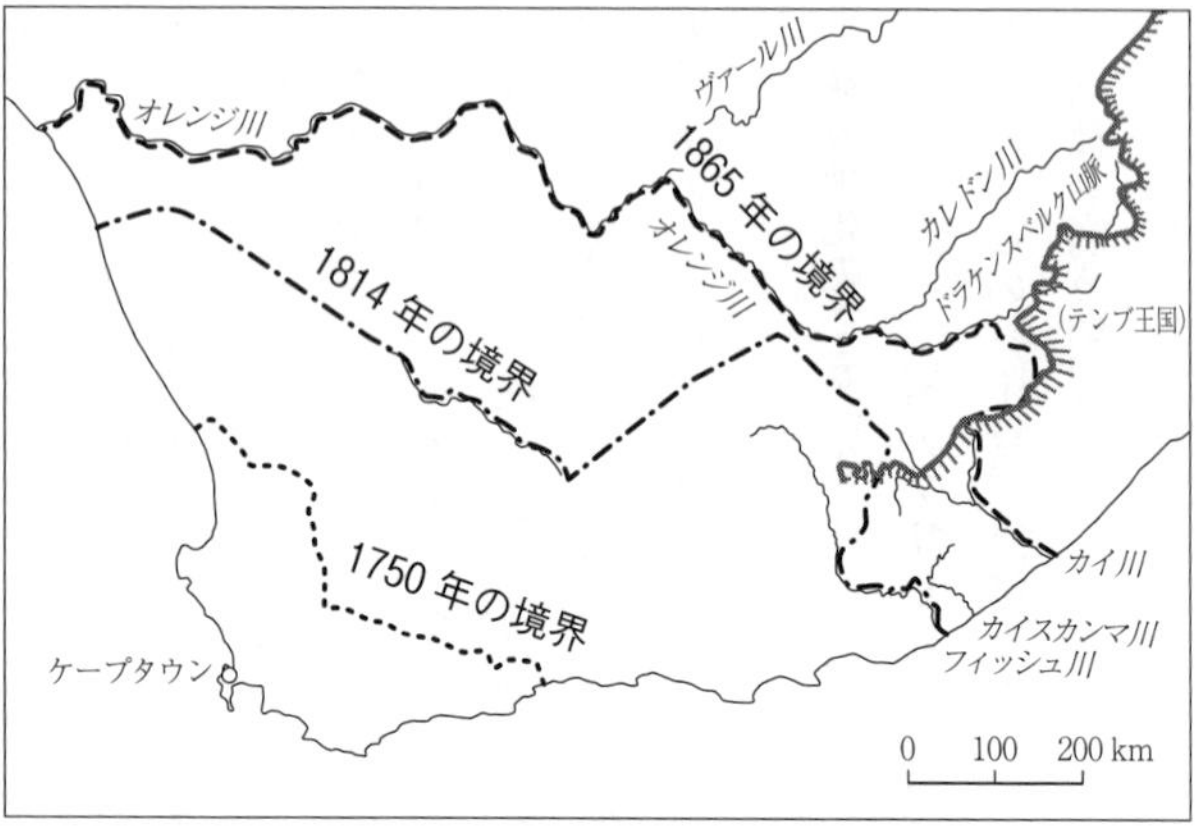

1−5　ケープ植民地のフロンティアの拡大

ンが選ばれた。

当時、南西部を含む南アフリカの西半部には、狩猟採集民のサンと牧畜民のコエコエが暮らしていた。サンは、日本ではブッシュマンの蔑称で知られている。サンもコエコエも、東半部のアフリカ人農耕牧畜民とは別グループだった。そこにオランダ東インド会社は、他のアフリカ諸地域、南アジア、東南アジアなどから奴隷を導入する。またサン、コエコエ、ヨーロッパ人入植者、奴隷のあいだでは「混血」も進んだ。その一方で、入植者による内陸部への進出は遅れ、東半部に達してアフリカ人と遭遇したのは一七七〇年代のことである。

しかし、オランダ東インド会社が建設したケープ植民地は、一八一四年にイギリス領となった。これは、イギリスがナポレオンとの戦争に勝利を収め、ヨーロッパで覇権を確立したことに関係している。一九世紀前半、残留したオランダ人は、流入してくるイギリス人に追われるように、南アフリカ東半部の中央に位置するドラケンスベルク山脈の北側に進出した。こうしたオランダ人は、ボーア人の蔑称で知られる(ボーアはオランダ語のブール＝農民の英語読み)。

他方イギリスは、山脈の南側(インド洋沿岸)でアフリカ人社会の侵略を推し進めた。マンデラの出身グループであるテンブ人も、このとき征服される。アフリカ人は、局地的に勝利したこともあったものの、次第に追い詰められていった。また一八五〇年代半ばには、苦境に追い打ちを掛ける事態が勃発する。彼らの重要な財産の牛が、ヨーロッパから持ち込まれた胸膜炎に感染、大量死した。さらに、相次ぐ不幸に打ちひしがれたアフリカ人は、救いを求めて一人の少女の預言に従い、生き残った牛までも殺し始めた。この胸膜炎と「牛殺し」によって彼らの生活基盤は掘り崩され、四万人が餓死したと言われる。

インド洋沿岸の土地は一九世紀後半、行政的にもイギリス領ケープ植民地に編入された。その後も植民地内の「原住民保留地」では、アフリカ人小王国が残される。だがこれは、行政コストを負担したくない当局が、税の徴収、法秩序の維持、人や家畜の移動管理などの実務を委ねるための存在に過ぎなかった。実権は、治安判事と呼ばれた白人地方官が握る「間接統治」

だった。マンデラのテンブ王国も例外ではなかった。例えば、マンデラの父が村の首長の地位を失った理由を、先ほど「ある揉めごとに巻き込まれて」と記した。これも、治安判事の召喚に従わなかったため解任された、というのが実情だった。

二　ミッション教育

キリスト教とマンデラ

植民地化の歴史に関連して、マンデラを語る上で欠かせないのは、イギリス人を中心とするキリスト教宣教師の活動である。その教派はイングランド国教会／聖公会、プロテスタント諸派など多岐にわたったが、いずれも博愛主義、人道主義を掲げていた。実際、宣教師はアフリカ人を、当局や入植者による圧迫から保護することもあった。また宣教師の尽力により、一八三四年にはケープの奴隷制が廃止された。さらに五四年、植民地議会が開設されたとき、非ヨーロッパ系に制限付きながら選挙権が認められたのも、こうした尽力の延長線上でのことだった。

しかし、これらの博愛主義、人道主義を額面通りに受け取ることはできない。奴隷制の廃止は、オランダ人の経済基盤を掘り崩すイギリス化政策の一環だった。選挙権の付与も、オランダ人に比べて少数派のイギリス人が、非ヨーロッパ系に恩を売って代わりに協力を得ようとしたものである。宣教師がアフリカ人を保護したのは事実だが、長い目で見れば、宣教師は彼らを西洋化し、植民地支配に順応させる役割を果たした。

マンデラが初めてキリスト教に触れたのは、クヌ村でのことだった。ただし、それはイギリス人ではなく、西洋化したアフリカ人を通してである。アフリカ人の一グループだったムフェングは、他のグループに先駆けてクリスチャンになったことで知られている。首長を解任されたマンデラの父は、クヌで、あるムフェングの兄弟と交流した。この兄弟は兄が退職教員、弟が警察官でいずれも、西洋化したアフリカ人の典型的な職業と言える。兄弟は、マンデラ一家をメソディストに改宗させようとした。メソディストは一八世紀のイギリスで起こり、後にアメリカ合衆国などへも広がったプロテスタントの一派である。マンデラの父は、自身は改宗しなかったものの、妻とマンデラが教会に行くのは許した。

マンデラはさらに、ムフェングの兄弟の勧めによって学校でも学んだ。この学校で彼は、アフリカ人の女性教員によってイギリス風にネルソンと名付けられる。つまり、今われわれが知っているマンデラのファーストネームは、この時期に付けられたイギリス風のもの、ということとになる。なお、マンデラが生まれたときに与えられたコーサ語の名前はロリシャシャ(意味はトラブルメーカー)だった。また、後年敬意を込めて「マディバ」とも呼ばれるが、それは彼の出身氏族の名に因《ちな》んでいる。

マンデラは、宮廷のあるムケケズウェニに移った後も、教会とイギリス式の学校へ通った。これは、ジョンギンタバ首長自身メソディストに入信しており、西洋式教育に理解を示していたためだった。『自由への長い道』には、マンデラがアフリカ人伝道者の家で昼食に招かれた際、テーブルマナーに苦戦したエピソードも綴られている。だが、マンデラが本格的なミッション教育を受けるようになったのは、青年期のことである。

「黒い英国人」

一九三四年、一六歳のとき、マンデラはテンブ人の伝統に従い、ジョンギンタバ首長の長男ジャスティスらとともに割礼(男性器包皮の儀礼的切除)を受けた。成人になった彼らを祝う席で、賓客は、明日から「征服された民」として生きていかなければならない若者たちの運命を嘆いた、という。マンデラも首長の援助でまもなく、エンコボにあるクラークベリー寄宿学校へ入学する。同校は、メソディスト教会が運営するアフリカ人向けのミッションスクールで、校長はイギリス人だった。ただし、少なくとも入学時のマンデラに悲壮感はなく、初めて履くブーツに嬉々としていた。

一九三七年、クラークベリーを卒業したマンデラは、フォートボーフォートにあるヒールドタウン校へ進む。同校も全寮制、メソディスト系かつアフリカ人向けだったが、クラークベリーと違って大学への進学準備に主眼を置いていた。ヒールドタウンの校長もイギリス人で、ワーテルローの戦いにおいてナポレオンを破ったウェリントン公爵の末裔であることをよく自慢した、という。その一方で、アフリカ人の教員もいたが、彼らは白人の教員と食事などを共にできなかった。差別は厳然と存在したのである。

こうしたミッション教育は、マンデラにどのような影響を与えたのだろうか。南アフリカ出身の白人作家で、二〇〇三年にノーベル文学賞を受賞したJ・M・クッツェーは、マンデラが亡くなった際、次のように述べている。「彼が受けたオールドファッションな〔ミッション〕教育〔略〕が個人としての一貫性というヴィクトリア朝風の理想と、大衆のために献身的に奉仕することを彼の目前に提示しつづけた」（くぼたのぞみ訳「ネルソン・マンデラは危険な時代に、騒然となった彼の国をまとめた」）。

クッツェーはリベラルではあるものの、一九九九年の小説『恥辱』では、黒人男性たちが白人女性をレイプする場面を描き、差別的と批判されている。ミッション教育を称賛した彼の言葉も、植民地支配の負の遺産をかえりみない無反省なものと言えるだろう。このような見方に直面すると、ミッション教育が「黒い英国人」を養成する教育だった、という自伝『自由への長い道』の評価に思わず肯《うなず》きたくなる。

マンデラは、ミッション教育が自分に与えた影響について、否定的な評価を下している。例えば、一九七〇年代半ばに獄中で書き残したものによると、彼はクヌ村での少年時代に、「協力して努力するという概念」を学んだ。ただ、この概念は「その後、集団の価値観より個人の価値観を強調する傾向を持った公的な〔ミッション〕教育によって損なわれてしまった。それにもかかわらず、政治闘争に引き込まれた一九四〇年代半ば、無理なく規律に順応することができたのは、恐らく幼少期の躾のおかげだろう」(長田雅子訳『ネルソン・マンデラ――私自身との対話』)という。

ここでは、協力して努力するという概念＝ウブントゥと対比しながら、ミッション教育の影響がマイナス査定されている。また、クッツェーが重視する個人の価値観も一蹴されている。マンデラは、西洋的個人にはなりきれなかった。

ところが、一九九三年のイギリス訪問の際、彼は真逆の内容も語っている。南アフリカで

「教育を始めたのはイギリスの自由主義者と宣教師だった」とし、「イギリスやその文化がわれわれに及ぼした影響」を称賛してみせたのである。これは訪問先へのリップサービスだったが、後述するように九〇年代には、イギリス人の支持を取り付けなければならないことも多かった。いずれにせよ、マンデラがどうすれば彼らと上手くやっていけるかを学んだのは、ミッション教育が始まりだった。

1-6　マンデラのもっとも古い写真

フォートヘア大学

一九三九年、ヒールドタウン校を終えたマンデラは、アリスにあるフォートヘア大学へ進学する。この大学もアフリカ人向けのミッションスクールで、学長はイギリス人だった。だがヒールドタウンと違い、アフリカ人教員の地位は高く、その存在感も大きかった。特に三六年、ケープで長く認められていた非ヨーロッパ系の選挙権行使に制約が加えられると、教員と学生の政治意識は高揚する。

ただし、マンデラの入学した三〇年代末、キャンパスでは政治への関心が減退していた。彼も例外ではなかった。たしかに、アメリカ合衆国のリンカーン大統領を扱った劇で、暗殺者ブースの役を演じたことはあった。後の同志オリヴァー・タンボや、甥でライヴァルになるカイザー・ダリウォンガ・マタンジマとの仲を深め、ANC(アフリカ民族会議)の名を知ったのもフォートヘア時代である。

しかし当時、マンデラの興味は何と言ってもスポーツにあった。映画『インビクタス』には、

1–7　オリヴァー・タンボ

1–8　マンデラ(左)とカイザー・ダリウォンガ・マタンジマ

マンデラがフォートヘアでラグビーをしたと語るシーンがあるが、事の真偽はよくわからない。彼がもっとも打ち込んでいたのはボクシングだった。また、勉学への関心はそれに比べると薄かったものの、王の相談役と、コーサ語・英語の法廷通訳者になることを夢見ていた。

ところが一九四一年、運命は大きく変化する。マンデラは、アフリカ人学生の食事の質を改善する運動に担ぎ出されて停学処分を受け、ムケケズウェニに戻った。これだけなら、やがて改悛の情を示して復学したのかもしれない。食事の質の問題は人種差別ともつながっていたが、当時のマンデラには、闘いに身を捧げるつもりはなかったからである。だがジョンギンタバ首長は、追い打ちを掛けるようにマンデラと、やはりムケケズウェニに帰っていた長男ジャスティス、それぞれに縁談を勧めた。しかし、もっと自由に生きたかった二人は、首長の牛を密かに売った金を持って家出してしまう。彼らが向かったのは、大都会ヨハネスブルクだった。

第2章

プラグマティストという天性

一　大都会のアフリカ人

ヨハネスブルクとマンデラ

マンデラとジャスティスが向かったヨハネスブルクは一九四一年当時、南アフリカ連邦のトランスヴァール州に属していた。同州は、二人が生まれ育ったケープ州のインド洋沿岸とは植民地化の歴史が異なる。一九世紀、ケープ地域で侵略を推し進めたのはイギリスだった。これに対して世紀半ば、内陸部にトランスヴァール共和国を建てたのはオランダ系のボーア人／ブール人である。彼らはやがて、新来のイギリス人と違ってアフリカ生まれであることを強調するため、アフリカーナーと自称するようになった。

トランスヴァール共和国の命運は、一八八六年に金が発見されたことによって定まった。同国のヴィットヴァーターースランド(以下、ランド)地域はまもなく世界最大の金鉱に成長し、大都市ヨハネスブルクが出現する。その一方で、金鉱を狙うイギリスは一八九九―一九〇二年に南アフリカ(ボーア／ブール)戦争を仕掛け、同国を併合した。一九一〇年、イギリスの自治領である南アフリカ連邦が成立すると、トランスヴァールはケープなどと並んで連邦の州になった。

だが一九一〇年以降も、ランドの金鉱は南部アフリカ経済の中心でありつづけた。マンデラとジャスティスがヨハネスブルクで最初に職を得たのも鉱山である。ジャスティスのつてで、二人は警備員と事務員になった。重労働の鉱夫にならずに済んだのは、王家の一員で学校出の点を考慮されたためだろう。しかし、ジャスティスが頼った人物はジョンギンタバ首長の関係者でもあったため、家出が露見した二人は首長の指示でほどなく職を追われた。

2-1　ウォルター・シスル

その後、マンデラはアフリカ人家主の家賃集金人として食いつないだ。他方で、将来の夢は次第に、フォートヘア大学時代の法廷通訳者から弁護士へと変わっていった。こうしたなかでマンデラは、当時アフリカ人向けに不動産業を営んでいたウォルター・シスルと出会う。シスルは一九一二年生まれでマンデラより六歳年上、同じテンブ王国の出身だった。一六歳で学校を終えるとヨハネスブルクにやって来て、さまざまな職業を転々としていた。

マンデラは、弁護士の夢をシスルに話した。シスルは即座に、彼が「重要な役割を果たすよう運命づけられた、優れた素質を持つ人間」であることを見抜いた。マンデラにとって当面の課題は、フォートヘアで放棄していたＢＡ（文学士）の学位取得だった。マンデラは、シスルの金銭的援助で南アフリカ大学の通信教育課程に入る。二人はやがて、生涯の同志となった。

シスルはマンデラを、業務提携していたユダヤ系弁護士のラザー・シデルスキーにも紹介した。リベラルなシデルスキーは、彼を自身の法律事務所で助手として雇った。ところが、事務所の他の白人はシデルスキーほどリベラルではなかった。あるとき白人の女性秘書が、マンデラともう一人のアフリカ人の助手に、お茶の時間用の新しいカップを買ってきた。これは、親切に見せ掛けて実のところ、アフリカ人と同じカップを使いたくない、という意志の表れだった。マンデラはその意志に従ったが、もう一人の助手はわざと白人たちのカップを使用して彼らに睨《にら》まれた。この助手ガウア・ラデベも、後々マンデラに大きな影響を与えていく。

アレクサンドラでの生活

シスルと出会った前後から、マンデラは、ヨハネスブルクのアフリカ人居住区の一つであるアレクサンドラで間借り生活を始めた。アレクサンドラは人口過密で電気がなく、道路も舗装されず貧しく不衛生な、一言で言えばスラムだった。ツォツィと呼ばれるギャングや、シェビーンと呼ばれる無許可の酒場も横行し、警察が日常的に手入れを行っていた。

だが、居住区のなかでアフリカ人は、自由に土地を保有し商売することができた。シスルが不動産業を営んでいたのはその一例と言える。またアメリカからハリウッド映画やジャズが流入し、マラビと呼ばれる独自の音楽スタイルも発展する。ギャングのツォツィも、アメリカのマフィアを気取っていた。

2-2　1940年代のマンデラ

マンデラは数年後、ヨハネスブルクの別のアフリカ人居住区であるオーランドへ移る。しかし、彼が後年振り返ったところによると、「そこには自宅はあってもわが家はなかった」。反対に、「ちゃんとした自宅もなかったアレクサンドラ居住区のほうが、わたしにはいつも、わが家として思い出され」た、という。このアレクサンドラでの生活を通して、マンデラは都会の人になっていった。

その生活に慣れてきたころ、ジョンギンタバ首長がヨハネスブルクへやって来た。病身を押しての「上京」だった。首長はマンデラと面会し、彼が弁護士の夢に向かい動き出していることを知って家出を赦す。ムケケズウェニへ戻った首長は、一九四二年の八月(南半球では冬に当たる)に亡くなった。首長の実子であるジャスティスは、その後を継ぐためヨハネスブルクを去る。首長の死そしてジャスティスとの別れは、マンデラを過去から切り離していった。

同じ四二年の年末、マンデラは南アフリカ大学のBAの最終試験に合格した。また、シデルスキーの法律事務所で正規の実務修習生にもなった。ただし後者は、シデルスキーがリベラルなだけでは実現しなかったようである。助手仲間のラデベが職を辞し、マンデラのためにポストを空けたことが功を奏した。

ヴィッツ大学とバス・ボイコット

一九四三年初め、マンデラはヨハネスブルクのヴィットヴァーターースランド(ヴィッツ)大学法学部に入った。LLB(法学士)の学位を取れば、弁護士の資格試験が免除されたためである。ヴィッツは当時、鉱山専門学校から総合大学に改組して二〇年しか経っていなかったものの、南アフリカを代表する高等教育機関の一つへと成長しつつあった。だが、マンデラは法学部で唯一のアフリカ人学生だった。教室や図書館や食堂では席を遠ざけられ、運動施設の使用も許されなかった。

それでもなお、マンデラは学内で複数の白人やインド人と親しくなる。インド人は、一九世紀後半に沿岸部のイギリス領ナタール植民地へやって来た移民の子孫だった。あるとき、マンデラとインド系学生たちが路面電車に乗っていると、オランダ系のアフリカーナーの車掌がインド系学生たちに、「君たちのカファの友人を乗せてはならない」と言った。カファは、アフリカ人へのかなり酷い蔑称である。彼らは激しく抗議したため警察に逮捕され、翌日裁判所へ出頭するよう命じられた。

2-3　ブラム・フィッシャー

当日、彼らは、大学の非常勤講師だったアフリカーナーのブラム・フィッシャーを弁護士として連れて行った。フィッシャーは政治家の名門家系の出身で、恐れを成した判事は彼らを放免する。このインド系学生たちやフィッシャーも後年、マンデラの重要な同志になっていく。

同じころ、マンデラは政治への関心を持ち始めた。そのきっかけを作ったのは、大学の友人ではなく法律事務所のラデベである。当時ヨハネスブルクのアフリカ人居住区の住民は、中心部への通勤などにバスを利用していた。だが、高い運賃は住民にとって大きな負担で、一九四三年八月に値上げが行われると乗車拒否の運動が起こる。ラデベは運動の指導者の一人だった。乗車拒否は九日間つづき、値上げは撤回された。

このバス・ボイコットに、マンデラはラデベの誘いで参加した。大学や法律事務所へ通うマンデラにとっても、運賃の値上げは切実な問題だった。そしてバス・ボイコット以降、マンデラは急速に政治の世界へと没入していく。しかしその話に入る前に、二〇世紀前半の南アフリカにおける政治運動の流れを見ておく必要があるだろう。

二　アフリカニズムと共産主義

改良主義の限界

二〇世紀初頭は、南アフリカの植民地支配に対するアフリカ人の抵抗の転換点だった。この時期、伝統的首長たちによる散発的な武装蜂起は最後の息の根を止められた。代わって牧師、弁護士、医師など、西洋化したアフリカ人エリートの役割が重要になった。彼らには、イギリ

2-4　SANNCの指導者たち(1914年). スーツ姿にイギリス志向が垣間見える.

ス領ケープ植民地では制限付きながらも選挙権が認められていた。だが、一九一〇年に南アフリカ連邦が成立しても選挙権は、旧来ボーア人／ブール人支配下だったトランスヴァールなど他地域には拡大しなかった。

これに反発したアフリカ人エリートは、一二年にSANNC(南アフリカ原住民民族会議)を結成する。後にマンデラが指導者となったANC(アフリカ民族会議)の前身である。SANNCの結成直後にも人種差別は進展し、一三年には土地法が制定された。同法は、アフリカ人が原住民保留地外の土地を購入することを禁止するものだった。結果、人口の六七%を占めるアフリカ人は国土の七%の保留地に追いやられ、窮乏してランドの金鉱へと出稼ぎに向かう。SANNCは、土地法に苦しんだ人々を引き付け、勢力を拡大した。

しかし現在の眼から見れば、SANNCの運動は穏健過ぎた。彼らは、イギリス人に協力しその博愛主義、人道主義に訴えることでさまざまな権利を守ろうとした。オランダ系のアフリカーナーではなくイギリス人に主眼を置いたのは、後者には宣教師の伝統が息づいていると信じたからである。請願と代表団派遣は、SANNCの中心的な活動スタイルだった。彼らはまた、アフリカ人の「野蛮な」風習を捨て、イギリス風の「文明的な」生活に変えようとした。そうすればヨーロッパ人による差別もなくなるだろう、と考えたためである。こうした改良主義は、アメリカ合衆国の初期の黒人指導者ブッカー・T・ワシントンらにも共通していた。

SANNCの運動は、まもなく壁にぶつかった。一九一四—一八年の第一次世界大戦に、南アフリカはイギリスなどの連合国側で参戦した。アフリカ人も戦争に協力し、原住民労働派遣隊二万一〇〇〇名がフランスで船荷の積み下ろしなどに従事する。ところが戦後、権利拡大の期待は裏切られた。SANNCは二三年、ANCに改称したものの、失望した人々をつなぎ止められず、運動は長い停滞の時代に入った。

ICU、共産党、第二次世界大戦

ＳＡＮＣ／ＡＮＣといったエリート主体の運動の停滞に対して、一九二〇年代にはアフリカ人の労働運動が活発化する。特に重要なのは、農場労働者を中心に支持を集めたＩＣＵ（産業商業労働者組合）だった。彼らは、ジャマイカ生まれでアメリカ合衆国の黒人指導者になったマーカス・ガーヴェイの影響を受けていた。ガーヴェイは一九二〇年前後の時期、アフリカ系アメリカ人をアフリカに戻し、そこで理想郷の建設を目指す運動を展開した。ＩＣＵのメンバーはこれに呼応する。彼らは、争議を起こす一方でキリスト教を独自に解釈し、アフリカ系アメリカ人が南アフリカにもやって来て白人を追い出し、自分たちを「救済」してくれることを信じた。

もちろん、アフリカ系アメリカ人の帰還も南アフリカ人の救済も実現はしなかったため、ガーヴェイの運動とＩＣＵは一九三〇年前後に相次いで瓦解した。だが、アフリカをアフリカ人のものと考えるアフリカニズムは、その後も繰り返し登場することとなる。

一九二〇年代以降の南アフリカにおける政治運動を語る上で、ＩＣＵとともに欠かせないのは南アフリカ共産党である。同党は一九二一年に結成された。当初は白人政党だったが、ほどなくアフリカ人政党への転換を図る。しかし、ソ連共産党が指導する国際組織のコミンテルン（共産主義インターナショナル）に手ぬるさを糾弾されて内部での粛清が相次ぎ、三〇年代初頭に

2–5　南アフリカ共産党のヨハネスブルク地区委員会(1946年ごろ).
中央で立っているのはフィッシャー. その向かって右隣りに座っているのはジョー・スロヴォ. 壇上では白人が目立つ.

は壊滅状態に陥った。南アフリカ共産党は、その後長く混迷から抜け出すことができなかった。

他方でアフリカ人の政治運動は、一九三九年に始まった第二次世界大戦をきっかけに再び活気づいた。第二次大戦にも、南アフリカはイギリスなどの連合国側で参戦、ヨーロッパ戦線に大量の物資を供給した。生産拠点のヨハネスブルクなど都市部には、ますます多くのアフリカ人が流入する（マンデラもその一人と言えた）。彼ら都市住民のなかには、アフリカ人の唯一の実質的政治組織だったANCに加入する者も現れた。四一年にアメリカ合衆国のローズヴェルト大統領とイギリスのチャーチル首相が、大西洋憲章で「人民の自決」（民族自決）を掲げたことも流れを後押しした。同憲章を受けて、ANCは四三年に「アフリカの要求」と題する文書を発表し、諸権利の確立を訴えた。

同じころ、共産党も復活を遂げた。一九四一年に独ソ戦が始まるとソ連も連合国になり、党は市民権を得た。またアフリカ人共産党員たちは、党籍を残したまま大衆団体としてのANCに加入した。しかしANCのなかには、共産党員たちが組織を乗っ取ることを警戒する者も多かった。彼らの一部は、共産党の指導部で白人が目立つ点を特に問題視し、アフリカニズムに傾斜する。こうしてANCの内部では、旧来の改良主義的な執行部、共産党員、アフリカニストの三者がしのぎを削るようになった。

青年連盟

それでは、マンデラはどのような立場を採ったのか。まず、彼のまわりには白人共産党員が多くいた。助手次いで実務修習生として仕えた弁護士のシデルスキーは政治を嫌っていたものの、そのいとこは党員で、マンデラに入党を勧めた最初の人になる。また、ヴィッツ大学で親しくなった白人もほぼ全員が党員で、特に非常勤講師のフィッシャーは幹部だった。大学では、ユダヤ系学生で共産党員のルース・ファースト、ジョー・スロヴォ(二人は後に結婚)らにパーティーにも誘われた。このパーティーについて、マンデラは後年、白人とアフリカ人が一緒に

2-6　ルース・ファースト

いた点が「興味深かった」と振り返っている(なお南アフリカ共産党でユダヤ人が目立ったのは、彼らのルーツである現在のラトビア、リトアニア地域で労働運動が盛んだったからとされる)。他方で、法律事務所の助手仲間のラデベは、共産党員かつANCのメンバーだった。

だが当時のマンデラは、白人と、その役割が大きい共産党への不信感が強かった。彼はANCに入るが、これもラデベではなく、学資を出してくれていたシスルの導きによる。一九四三年、シスルの家で、マンデラはアントン・レンベデと出会う。レンベデは一九一四年生まれでマンデラより四歳年上、やはり法律事務所の実務修習生だった。若いにもかかわらず、レンベデはANCの代表的アフリカニストでもあった。彼の思想は、ガーヴェイやICUのようにユートピア的ではなかった。しかし、アフリカ人に「誇りを持て」と訴え、白人にへりくだる改良主義者や、「外国のイデオロギー」を信奉する共産党員を攻撃した。その激しさから、彼はフランス革命の指導者になぞらえて「南アフリカのロベスピエール」と呼ばれる。

2-7　結婚式(1944年)．前列左端からマンデラ，エヴェリン，シスル夫妻，アントン・レンベデ．

マンデラは、レンベデに大いに感化された。一九四四年、レンベデを議長とするANCの内部組織、青年連盟が結成されると、マンデラは執行委員になった。連盟ではシスルが会計責任者に選ばれた他、マンデラのフォートヘア大学時代の友人タンボも書記に選出された。タンボはそのころ、ヨハネスブルクにやって来たばかりで、全寮制のアフリカ人向けミッションスクールで教員をしていた。

マンデラがレンベデと出会ったのはシスルの家だったが、妻エヴェリン・マセとの馴れ初めもシスルの仲立ちによる。エヴェリンはシスルのいとこで、看護師をしていた。二人は、青年連盟結成の年である四四年に結婚した。翌年には長男のテンベキレが生まれ、やがて一家は、アレクサンドラとは異なるヨハネスブルクのアフリカ人居住区オーランドに家を構えた。オーランドの家には妹のリービーも上京して同居するようになり、母のノセケニや甥のマタンジマなど、親類縁者その他の来客が絶えることもなかった。四七年、マンデラは実務修習生を修了する。だが、この年に誕生した長女マカジウェは生後まもなく亡くなった。

さらに四七年、レンベデも三三歳の若さで急死した。しかしマンデラはその遺志を継ぎ、ANC本体のトランスヴァール地方組織の執行委員にも就いて、改良主義者と共産党員を攻撃しつづけた。自伝『自由への長い道』によれば、青年連盟の「仲間数人と、共産党の集会に乱入して、壇上にのぼり、垂れ幕を破り、マイクロホンを奪ったことさえ」あった、という。ただし、こうした姿勢はその後、変化していくことになる。

アパルトヘイト

変化のきっかけはアパルトヘイトの開始だった。第二次大戦中、南アフリカがヨーロッパ戦線に物資を供給、生産拠点の都市部に大量のアフリカ人が流入したことはすでに記した。ところが、一九四五年に戦争が終わると景気は悪化し、都市には失業者が溢れ返った。このような事態にもっとも危機感を覚えたのは、白人社会の下層に位置し、職をめぐってアフリカ人と競合していたオランダ系のアフリカーナーだった。彼らの危機感を結集したアフリカーナー・ナショナリストの国民党は、四八年の総選挙に勝利して政権を獲得、アパルトヘイトを実行に移す。

これまで見てきたように、四八年より前にも人種差別は存在していた。だがアパルトヘイトの開始以降、差別は徹底化される。公園のベンチ、駅の入口、郵便局の窓口などの公共施設が「ヨーロッパ人専用」と「非ヨーロッパ人専用」に分けられたことは、もっともよく知られた一面だろう。しかしアパルトヘイトは、施設の分離にとどまらない、数多くの法律の集積だった。これらの法律を本書ではアパルトヘイト法と呼ぶが、制定された年代も長期にわたるため、個別の法律についてはその都度述べたい。

2–8　白人専用と書かれた看板(ダーバン，1989 年)．

ここでは、アパルトヘイトと冷戦の関係だけ指摘しておこう。アフリカーナー・ナショナリストたちは元々反共的でもあり、一九三〇年代にはナチズムに強い共感を示した(そこにはオランダ系入植者の子孫として、同じ「ゲルマン民族」のドイツ人に対する親近感もあった)。他方で、四〇年代末から冷戦が激化すると、西側陣営は南アフリカに「反共の砦」の役割を期待した。南アフリカ国内や他のアフリカ植民地で、共産党の勢力が伸長していたためである。結果として、冷戦構造はアパルトヘイト体制を下支えすることになった。

ただし四〇年代末、三〇代に入ったマンデラは政治の世界とはやや距離を置き、弁護士の夢の実現に動いていた。一九四九年と言えば、最初期のアパルトヘイト法である「異人種間結婚禁止法」が制定された年に当たる。この年マンデラは、ヴィッツ大学法学部での学位取得を断念、その代わりに弁護士の資格試験を受けて合格し、シデルスキーとは違う白人の法律事務所で働き始めた。

他方、同じ年に開かれたANCの大会で、アフリカニストたちは改良主義者に代わって執行部を掌握した。彼らは自分たちが若輩だったため、年長で医師のジェイムズ・モロカをお飾りの議長に選出しつつも、シスルは書記長、タンボは全国執行委員に就いた。マンデラは弁護士業務と重なって大会に出席できなかったが、翌五〇年にはやはり全国執行委員に選ばれた。

共産党への接近

一九五〇年、南アフリカの抵抗運動は転機を迎えた。この年、アパルトヘイト法の一つである「共産主義者弾圧法」が制定され、共産党は非合法化された。アメリカ合衆国で上院議員のジョゼフ・マッカーシーが反共キャンペーン（マッカーシズム）に着手し、アジアでは朝鮮戦争が始まった年である。ただし合衆国のマッカーシズムと同様、南アフリカの弾圧法も、共産主義者以外に拡大適用される余地は大きかった。そのことは、ANC執行部のアフリカニストたちの危機感を高める。全国執行委員のタンボは「きょうは共産党だが、明日は……ANC（が弾圧される）かもしれない」と言い、マンデラも「弾圧法の真の狙いは、共産党ではなくANCだ」と述べた。

2-9　モーゼス・コタネ

こうした背景の下で五〇年代、ANCは共産党との連携を深めていく。マンデラもヴィッツ大学の同窓生や、アフリカ人の党書記長モーゼス・コタネらとの人間関係によって共産党に接近した。やがて六〇年代初頭には、ANCの幹部と共産党の中央執行委員を兼ねるまでになる。

それでは、マンデラは共産主義者となっていったのだろうか。共産主義の重要な側面は宗教の否定だが、彼は七〇年代半ばに獄中で、過去を振り返って次のように記している。

少年時代〔の自分〕を強化したキリスト教の信仰を棄てる際には、心の痛みを経験した。キリストを三度否認した聖ペテロの物語のように。だが、残酷さや戦争との闘いにおける真の聖人は必ずしも、聖書を習得し聖職者の服を身に付けた者でなくてもよかった。

(Sampson, *Mandela*, 1999. 翻訳は筆者)

「聖ペテロの物語」とは新約聖書の一節で、キリストが捕らえられた後、弟子のペテロは師弟関係を三度にわたって否認したが、やがて罪の意識に苛まれて激しく泣いた、というものである。これを見るとマンデラは、「心の痛み」は感じたにしても、キリスト教を否定して共産主義者となったように思われる。

ところが、九〇年代には「信仰を棄てたことは決してなかった」と正反対の内容も述べている。ただしこの発言は、当時の政治情勢に対する配慮の産物とも考えられる。教会との関係がつづいたのは事実だが、少なくとも、共産党の中央執行委員まで務め、獄中で「非転向」を貫いた人を厳密な意味でのクリスチャンと見なすのは難しいだろう。

それでも共産主義へのマンデラの姿勢は、柔軟でプラグマティックなものと言えた。『自由への長い道』で彼は、「人と人のあいだにある偏見を拭い去る、そして、狂信的で暴力的な国家主義の息の根を止めるという目的をあと押ししてくれるものなら、わたしはなんでも役立てるつもりだった」と書いている。また、共産党がANCを利用している、との批判に対しては、「わたしたちのほうが共産党を利用している面だって、あったのではないだろうか」と反論した。

たしかに一九五〇年当時、総人口一〇〇〇万人強の南アフリカで約二〇〇〇名の党員しかいなかった共産党は、ANCとの連携によって国民的《ナショナル》な存在になった。だがANCも、共産党との連携を通して初めて、ソ連や中国などの国際《インターナショナル》的な支援を得られたのである。ただし、マンデラにとっての問題は共産党との関係ばかりではなかった。

第3章

非暴力主義という武器

一　不服従運動とM計画

住民登録法とカラードおよびトロツキスト

共産主義者弾圧法が制定された一九五〇年には、同法の他にも、重要なアパルトヘイト法の一つである「住民登録法」が定められる。この法律は、すべての南アフリカ人についてどの人種に属するかを登録することを目指した。ここでは、人種分類のしかたを問題にしたい。オランダ系のアフリカーナーとイギリス系が「白人」として統合される一方、非白人は「バントゥー」(アフリカ人)、「カラード」(ケープタウン周辺の、白人でもアフリカ人でもない「混血」などの人々)、「アジア人」(インド系)に区別された。人口の八割を占める非白人の団結と反抗を未然に防ぐ「分割統治」だった。

もっとも、この区別を経ても「バントゥー」は人口の七割に達したため、後の時代にはさらなる分割が進む。だが、その詳細は五章に委ねて話を一九五〇年代に戻せば、当時のマンデラにとって、共産党とともにカラードやインド系との関係は不可避のテーマになった。

カラードは、二〇世紀初頭から現在まで南アフリカ人の八ないし九％を占めてきた。カラードの語は、一九世紀までは文字どおり有色人種の総称だったが、世紀後半、インド洋沿岸のアフリカ人社会がイギリス領ケープ植民地に編入されていくにつれ、意味内容が変化する。植民地支配体制がアフリカ人の人口圧にさらされた結果、「原住民」（アフリカ人）とケープタウン周辺のカラードとが、二〇世紀初頭以降の人口調査などでは別の区分に分類されるようになったのである。

3-1　トロツキストたちの集会

　政治運動の面でもアフリカ人とカラードは分断された。一九二〇年代末、共産党はソ連のコミンテルンの指令に従い、多数派のアフリカ人の問題に特化した路線を採った。他方、当時のソ連では、スターリンの政敵だったトロツキーが国外追放された。その後の南アフリカでは、トロツキーと連携するグループが共産党とは別路線の闘争を提唱するようになる。それは「非ヨーロッパ人」を横断した闘争で、南アフリカの現実のなかではかばかしい成果を得られなかったが、共産党の「アフリカ人特化路線」によって疎外されていたカラード教員などの強い支持を得た。

トロツキストたちは、一九四三年に新組織の「非ヨーロッパ人統一運動」を結成した。だが、彼らがアフリカ人にもウィングを拡大しようとしたとき、共産党やANCがそこに立ちはだかる。他国と同様に南アフリカでも、共産党とトロツキストは不倶戴天の敵同士だった。また、統一運動の指導者は四八年にANCのマンデラへの接触を試みるが、マンデラは興味を示さなかった。当時の彼は何といっても排他的なアフリカニストだったし、統一運動とのあいだには、共産党との関係ほどの人的つながりもなかったからだろう。

トロツキストたちがアフリカ人への運動拡大に苦慮する一方、共産党もまた、アフリカ人特化路線こそ一九四八年までに放棄したものの、カラードには浸透しきれなかった。たしかに、缶詰産業の女性労働者の組織化などでは重要な成功を収め、五三年には共産党／ANC系の南アフリカ・カラード人民機構も結成された。しかしその後も、カラード／トロツキストはマンデラたちのライヴァルでありつづけた。

インド系とガーンディー

これに対して、インド系は一九五〇年代にマンデラたちの同盟者となっていく。インド人は、人口の二、三％だった。彼らは、一八六〇年ごろからイギリス領ナタール植民地へ、砂糖プランテーションの契約労働者や大小さまざまな商人としてやって来た。一九世紀末には、金が発見されたトランスヴァール共和国にも進出する。

インド系南アフリカ人の歴史を語る上で、外すことができないのがガーンディーの存在である。ガーンディーは一八六九年に、英領インド北西部のグジャラート地方で生まれた。八八―九一年、ロンドンに留学して弁護士免許を取得すると、九三年にはある仕事の依頼で南アフリカの英領ナタールに到着、そのまま（約一年の一時帰国を含めて）二一年間、南アフリカに滞在することになる。一九〇二年にはトランスヴァールへ移り、第一次大戦が勃発した一四年にインドへ戻った。

南アフリカでガーンディーは、インド系の権利をめぐる闘いに関わっていく。特にトランスヴァールでは、指紋を押した登録証の義務化が焦点となった。ガーンディーは一九〇八年に、二〇〇〇以上の登録証を鋳鉄鍋のなかで燃やすパフォーマンスを行っている。

また、この指紋登録をめぐる闘いから、非暴力不服従の思想が誕生した。ガーンディーの思想は、歴史家のキース・ブレッケンリッジが「聖人戦略」と呼ぶものに支えられていた。聖人戦略とは、菜食主義や禁欲を実践し、「白い布をまとい、杖をついて歩む修道僧のような」姿を取ることで、道徳的正統性をアピールする、というものである。

さらに、ガーンディーの思想は全体として、イギリスの思想家ラスキンやロシアの作家トルストイ、アメリカ合衆国のエッセイストであるソローら、欧米の影響を強く受けていた。ヒンドゥー教の聖典『ギーター』や、後年彼の重要な運動の一つとなる「糸紡ぎ」のようなインドの文化的な知識さえ、イギリス人の著作を読んで得られたものだった。さらにガーンディーはメディア戦略にも長け、新聞や、後にはニュース映画、ラジオを通して運動を欧米など世界に発信した。

ガーンディーがインドへ戻ってからも、彼の遺産は南アフリカにとどまりつづけた。次男のマニラールはナタールで運動を引き継ぎ、一九二〇年には南アフリカ・インド人会議も結成された。四〇年代に入ると、インド人会議にもANCと同様に共産党員が加入するようになり、ガーンディーの運動は活性化する。

その一方で、アフリカ人とインド系のあいだには障害もあった。ガーンディー自身は、アフリカ人に対して差別的な発言をしていた。また一九四九年にはナタールで、インド系商人の「搾取」に怒ったアフリカ人たちが商店などを襲撃する事件も発生した。だがこうした障害にもかかわらず、マンデラはガーンディーの思想に学び、共産党員を介してインド系との協力関係を深めていく。

不服従運動

ＡＮＣがガーンディー主義を初めて公式に掲げたのは一九四九年、シスルやタンボが執行部を掌握した大会でのことである。それまでの請願と代表団派遣に代えて、ボイコット、ストライキ、消極的抵抗、抗議デモなどを中心とする「行動計画」が採択された。ただしこの時点では、マンデラはインド系への反感をアフリカ人民衆と共有していた。ところが五〇年以降、共産党への接近を強めるにつれ、党員の仲介によってインド人会議との共闘を模索するようになる。

共闘の出発点は一九五二年の不服従運動だった。これは、大勢のアフリカ人やインド人が故意に駅のヨーロッパ人専用入口を利用するなどして進んで逮捕され、留置場をいっぱいにする、というものである。「その刑に服する人の多さによって、人々はその法が悪法であることを知る」。ガーンディーが南アフリカで編み出したスタイルだった。

もっとも、上手く行かないことは多かった。一九四九年の、アフリカ人によるインド系商店襲撃の記憶が鮮明なナタールでは、共闘は低調だった。ケープでは、参加者が暴徒化して白人修道女らを殺害する「逸脱」も起こった。また、逮捕者の裁判ではよりにもよって、ANC議長であるモロカが自分だけ弁護士を雇い、減刑を嘆願した。

それでも、運動は大きな成功を収めた。南アフリカのリベラルな白人紙や、欧米の新聞までが経過を詳しく報道し、国連にはアパルトヘイト調査委員会が設置された。ガーンディー主義は国際的に認知されていたのである。ANCのメンバーも、一時的には七〇〇〇人から一〇万人へと急増した。このような圧力に押されて裁判では、マンデラを含む被告に執行猶予が付い

3-2　不服従運動を報じる新聞を読むマンデラ(中央)とジェイムズ・モロカ(左)

3-3　モロカ(左)とアルバート・ルツーリ

た。

だが「背信行為」を犯したモロカは、一九五二年末のＡＮＣ大会で議長に再任されなかった。代わりに就任したアルバート・ルツーリはモロカ同様年長だったが、ナタールのアフリカ人首長の一人でメソディストかつ教員資格も持っていた。この大会で、マンデラも第一副議長に選出される。

Ｍ計画

しかし不服従運動を経ても、マンデラのなかでインド系へのわだかまりが直ちに消えたわけではなかった。マンデラは、運動の翌年の一九五三年になっても「インド人の政治的影響力からの独立」について語っている。ＡＮＣが、経験豊富なインド人会議との共闘によって同会議からコントロールされることを恐れたのである。だが以後は、こうした発言をしなくなった。アーメド・カトラダら、若いインド系活動家との仲が深まったことも影響しているのだろう。

またマンデラは、心の底から非暴力主義者になったわけではなかった。彼が不服従運動を始めたのは、それが国内および国際世論を味方に付け、はるかに強大な敵に立ち向かうための「現実的な道」だったからである。後年の好々爺《こうこうや》のイメージからはかけ離れるが、マンデラに

3-4　アーメド・カトラダ

とって非暴力主義とは、原則ではなく「戦術」の一つに過ぎず、最終的には武装闘争も辞さない構えだった。しかしこのような立場は、ガーンディーの息子で当時まだ存命だったマニラールには受け入れ難かった。マニラールは「受動的抵抗は政治的武器というよりも道徳的浄化の過程である」と述べ、マンデラを諭《さと》したが、聞き入れられなかったという。

マンデラが一貫した非暴力主義者である、という世間の誤解は、どこから生じたものだろうか。一九九〇年代前半に紛争の調停者の役回りを演じ、ノーベル平和賞を受賞したことの影響は大きいだろう。同時代のアメリカ合衆国で活躍したマーティン・ルーサー・キング(キング牧師)や、ANCのルツーリ議長との混同があるかもしれない。たしかに、ルツーリはガーンディーの信奉者だった。

マンデラとルツーリは、暴力の使用をめぐってしばしば対立した。マンデラは一九五三年、「最終的には、暴力こそがアパルトヘイトを打ち砕くただ一つの武器で、わたしたちは、近い将来にその武器を使うための覚悟を持たなくてはならない」と演説し、ルツーリらに非難されている。マンデラが後年、「〔ガーンディーの本もたしかに読んだが〕僕にとって本当のヒーローは〔一九四七―六四年のインド首相〕ネルーだった」と回顧した点も重要かもしれない。マンデラのお気に入りはネルーの「自由に至る容易な道はどこにもない」という言葉だったが、これは、ガーンディーと違った力強さを彼に感じていたためでもあるだろう。

実際、マンデラたちは不服従運動の直後から、秘かに将来の武装闘争の準備を進めていた。マンデラの頭文字を冠したＭ計画である。この計画は、分権的なＡＮＣの組織を、中央の指令が末端の「細胞」(支部)にまで行き渡るよう改め、メンバーの政治学習なども強化するものだった。非合法化されたとき、地下活動を円滑に進めるためには組織の中央集権化やイデオロギー教育が必要である、と説明されたが、地下活動のなかには明らかに武装闘争が含まれていた。

Ｍ計画は、共産党の組織原理に倣ったものだった。ＡＮＣの武装闘争と共産党との関係は、マンデラの了解を得たシスルの行動からも見て取れる。シスルは一九五三年、共産主義国ルーマニアの首都ブカレストで開かれた世界青年学生祭典の第四回大会に招待された。お膳立てしたのは、主催団体のハンガリー・ブダペストの本部で勤めた経験を持つインド系活動家のカトラダである。ところがシスルは、その足で中国まで赴いて武器の供与を求めた。マンデラとシスルの眼には、成功したばかりの中国革命の経験が鮮明に映っていたのだろう。だが、ANCの実力を見透かした中国側は、これを断った。

マンデラの人物像と指導者像

マンデラが非暴力主義の信奉者にならなかったのは、彼とガーンディーでは人物像が大きく違ったからとも言える。まず、スポーツマンとはほど遠かったガーンディーに対し、マンデラは身長一九〇センチで、早朝のジョギングを日課にしていた。とりわけ、フォートヘア大学で打ち込んだボクシングについては、一九五〇年代になってもジム通いを欠かさなかった。

また、マンデラの弁護士としての収入は豊かな生活を可能にした。一九五二年には自動車を運転し始めたが、彼の車好きはジョンギンタバ首長の影響があったかもしれない。首長はフォードV8を購入し、多額の借金を抱えた。これに対して、マンデラの愛車はGM(ゼネラル・モーターズ社)のブランドの一つ「オールズモビル」のセダンだった。

マンデラはまた、ヨハネスブルク随一の仕立屋でスーツを作るおしゃれでも知られた。彼の伝記作者ファティマ・ミーアはこのことを「ガーンディーは〔洋〕服を脱いだが、ネルソンは服を愛した」(Sampson, *Mandela*, 1999. 翻訳は筆者)と評している(ファティマの夫イスマイル・ミーアは、マンデラのヴィッツ大学以来の友人で、かつて電車内での差別にともに抗議した一人)。服装の点でもマンデラは、白い布をまとう聖人戦略のガーンディーとは対照的だった。

　こうしたマンデラの人物像は、その指導者像にも影響を与える。農村生まれにもかかわらず、彼は基本的に大都市ヨハネスブルクの利益を代弁する活動家だった。他方でキング牧師ほどの演説の妙手というわけではなく、ユダヤ系共産党員のルース・ファーストが編集する『ファイティング・トーク』誌などに寄稿したものの、傑出した理論家でもなかった。

3-5　スパーリングするマンデラ(左)

　だがテンブ王国の王家出身で、ファッショナブルなスポーツマンであることは指導者として魅力的な要素だった。不服従運動のころからマンデラは、一九五〇年代南アフリカの黒人文化を代表する雑誌『ドラム』のグラビアをたびたび飾るようになる。こうした役割は、おしゃれとはほど遠いシスルやメディア嫌いのタンボには務まらなかった。
　もちろん、それがすべてではない。シスルの妻アルバーティナは、マンデラの魅力を「情熱、説得力、自信」と述べている。また、一九五三年の討論会で聴衆と警察が衝突しそうになったときには、革命歌を合唱させてこれを回避した。紛争の調停者としての素質もすでに見られたのである。

しかし、この年マンデラは、不服従運動などを危険視した当局の活動禁止命令を受け、指導者としては表に立てなくなった。だが前年、彼は白人の法律事務所から独立、やはり弁護士になっていたタンボとともに新たな事務所を開設していた。活動禁止命令の後もトランスヴァール弁護士会からの追放は免れたため、マンデラの主要な表舞台は裁判になる。法廷での彼は、「手振りを伴う断定的で演劇的なスタイル」で知られた。他方で弁護士業務を通して、数多くの法律の集積であるアパルトヘイトの問題点も学んでいくこととなった。

3-6　マンデラ・タンボ法律事務所で

二　自由憲章から反逆罪裁判へ

人民会議と自由憲章

一九五五年には、従来のものに加えてさらに二つのアパルトヘイト法の規定が実行に移された。まず、人種ごとの居住区を指定した「集団別地域法」により、ヨハネスブルクのソフィアタウン地区に住んでいたアフリカ人が強制退去させられた。

3-7　ヘンドリック・フェルヴールト

また「バントゥー教育法」にもとづき、アフリカ人向けのミッションスクールも原住民問題省に移管され、公立化を迫られた。オランダ系のアフリカーナー・ナショナリスト政権は、イギリス式教育を受けたアフリカ人が「付け上がる」ことを快く思わず、教育の質の低下を図ったのである。なお、バントゥー教育法の立役者だった原住民問題相のヘンドリック・フェルヴールトについては次章でも触れる。し

3-8　クリップタウンの人民会議（1955年）

かし、これら強制退去や学校の公立化に対し、ＡＮＣは有効な手を打てなかった。

その一方で同じ一九五五年、ＡＮＣは「人民会議」の開催で成功を収めた。これはＡＮＣ、インド人会議、カラード人民機構、白人（民主主義者会議という新組織を結成していた）の計三〇〇〇人がヨハネスブルク郊外のクリップタウンに集まったものである。活動禁止中のマンデラも秘かに参加した。

人民会議の最大の目玉は「自由憲章」の採択だった。憲章は五四項目から構成されていた。人民による統治、法の下の平等、言論等の自由、労働権、教育権など一般的な人権宣言と、アパルトヘイト法の破棄など特殊南アフリカ的な内容の混成物である。

会議の企画者たちは、運動を盛り上げるためのさまざまな演出を試みた。事前の憲章草案づくりでは項目の公募が行われた。また、クリップタウンの集会当日にはＡＮＣの公式歌「ンコシ・シケレリ・アフリカ」（主よ、アフリカに祝福を）が効果的に使われた。この歌は一九九四年、南アフリカの国歌になる。さらに、憲章の採択後には署名運動が展開された。

だが、自由憲章は波紋も広げた。前文の「南アフリカは、黒人も白人も、そこで暮らすすべての人々に属する」という箇所は、アフリカニスト的な考えから白人との共生を拒否する一部のＡＮＣメンバーの反発を招いた。

また、「地下の鉱物資源、銀行、独占産業は、人民全体の所有へと移管される」などの項目も、私有財産を否定した共産主義的な思想であるとして、当局に危険視される。たしかに、人民会議には中国の周恩来首相も祝辞を寄せた。しかし、自由憲章の総体はむしろ、社会主義と西欧民主主義をミックスしたネルーのラインに近かったかもしれない。一九五五年は、周とネルーを始めとするアジア・アフリカ諸国の首脳がバンドン会議を開き、存在感を世界にアピールした年だった(バンドン会議には、南アフリカからも共産党書記長のコタネらが参加している)。

マンデラも、「僕にとって本当のヒーロー」のネルーと同様、社会主義と資本主義の混合経済を志向していたふしがある。当時寄稿した論文では、基幹産業の国有化とともに「非ヨーロッパ人の資本家」を待望する、と書いた。だが、資本家の箇所はその後、共産党員の編集者ルース・ファーストによって削除される。

反逆罪裁判

他方、人民会議と自由憲章を危険視した当局は取り締まりを強化する。そして一九五六年一二月、ANCのマンデラ、ルツーリ議長、シスル、タンボ、共産党のコタネ、ルース・ファースト&ジョー・スロヴォ夫妻ら一五六名が一斉検挙された。罪状は共産主義国家樹立活動の「反逆罪」である。同月には予備審問が開始されたが、多数の証言や、書類、パンフレット、記録、本、ノート、書簡、雑誌、切り抜きなど一万二〇〇〇点の証拠物件の吟味に長い時間が掛かった。

この間、検察側は最初の困難に直面した。まず国際的な支援基金が保釈金を支払ったため、被告たちは早々に保釈された。また弁護団の一人は、マンデラがかつて電車内での差別に抗議したときの弁護士ブラム・フィッシャーだった。フィッシャーらは、自由憲章などの文書が共産主義的である、という検察側の主張を次々に論破していく。その結果、五七年末にはルツーリ、タンボら六一名の告訴が取り下げられ、被告は九五名に減った。

一方で、当局は陣容の立て直しを図る。五八年一月、ナチスに接近した経験を持つ元法相の大物オズワルド・ピロウが新たな検事に任命された。争点は「共産主義的か否か」から、「暴力行為の意図があったかどうか」に移る。だが、実際に武装闘争を行っていない以上、立証は難しかった。一一月にはさらに告訴が取り下げられ、被告は三〇名に絞られる。その後、五九年八月にようやく本裁判が開始されたものの、同年一〇月にはピロウが病死した。

反逆罪裁判は、不服従運動、人民会議／自由憲章と並んで、マンデラとＡＮＣのサクセストーリーを構成している。裁判の経緯は、メディアを通じて世界に発信された。またその際には、被告全員の集合写真を始めとして、マンデラがバスで法廷に通う姿や、休憩時間に他の被告・支援者らと合唱する光景なども撮影された。こうした数多くの写真は、マンデラの指導者

3-9　反逆罪裁判の被告たち(1956年12月)．4枚の集合写真を合成したもの．

3-10　バスでの法廷通い．前から3人目がマンデラ．

3-11　休憩時間の合唱

像を強調するアイテムとして、サクセスストーリーとともに後世まで受け継がれていく。

しかし五〇年代後半、ANCは裁判以外のところでは失敗を重ねていた。五七年のバス・ボイコットも、それにつづく在宅スト(黒人労働者が居住区の自宅にとどまり、白人地区の職場への通勤を拒否するストライキの形態)も参加者は少なかった。派手なパフォーマンスのわりに具体的な成果を上げられないANCに対し、人々は失望し始めていた。

離婚と再婚

五〇年代後半は、マンデラの結婚生活にとっても転機だった。夫妻のあいだには長男テンベキレ、生後まもなく亡くなった長女マカジウェにつづき、五〇年には次男マハトが生まれていた。五四年には次女も誕生し、長女と同じマカジウェの名が付けられる。

ところが、五五年ごろから夫婦仲は悪化した。その原因について二人の証言は異なる。マンデラは、自分が政治に打ち込み妻がエホバの証人に入信したから、と記している。これに対して妻のエヴェリンは、夫が複数の女性と関係を持ったため、と述べる。二人は五六年に別居したが、このことをめぐっても双方の言い分は対立する。マンデラによれば、反逆罪裁判で保釈され戻ってくると妻は家を出ていた。他方でエヴェリンによると、それ以前に夫は、女性関係を問いただされて怒り、自宅に寄り付かなくなっていた、という。いずれにせよ、マンデラ自身後に反省しているように、夫婦仲の悪化は子どもたちの成長に暗い影を落とした。

五七年マンデラは、一八歳年下のソーシャルワーカーであるウィニー・マディキゼラと交際し始めた。エヴェリンがシスルのいとこなのに対し、ウィニーはタンボの知り合いだった。マンデラは酒が飲めなかったが、二人はインド料理店、ボクシングジム、ドライブなどのデートを重ねる。そして五八年、マンデラはウィニーと再婚するためエヴェリンと離婚した。エヴェリンは「〔ウィニーは〕わたしたちの結婚生活を破綻させる原因となったどの女性でもなかった」と皮肉ったものの、離婚には同意する。

しかし結婚後まもなく、ウィニーは生活の厳しさを痛感した。マンデラは反逆罪裁判に被告として忙殺され弁護士の収入が激減しており、彼女のソーシャルワーカー

3-12　エヴェリンとテンベキレ，マハト

3-13　結婚式のマンデラとウィニー

の給与が頼みの綱だった。

また、ウィニーは元々、トロツキスト系の非ヨーロッパ人統一運動に憧れた一時期を除いて政治に興味がなかった。後年振り返ったところによると、五〇年代末の彼女は、政治で多忙なマンデラに不満を募らせていた。「彼は、わたしが時間を割いてほしいと求めていることに気づく素振りさえ見せなかった」「ネルソンを人民から、闘争から引き離すことはできない。国民が先に来て、他のあらゆることは後回しだった」。それでも「共有したわずかの時間、彼はとても優しかった」。

ウィニーの語りによれば、当時の彼女は、さらにアイデンティティ・クライシスにも陥っていた。「わたしはあまりにも早く悟った。彼の抗い難い個性のために、自分がまもなく「マンデラの〇〇」となってしまうだろうことを」。ウィニーにとってクライシス克服の手段は、自身も政治に関与することだった。その始まりとなったのは生体認証国家の問題である。

第4章

民族の槍

一　シャープヴィル虐殺

生体認証国家と女性たちの抗議

生体認証とは、指紋などの身体的特徴を用いて個人を識別する技術を指す。今では静脈や虹彩、顔、声紋、歩容(歩き方)も使われるが、二一世紀の現在、生体認証を利用した監視国家と言われてまず思い浮かべるのは中国だろう。しかし二〇世紀の世界で、顕著な「生体認証国家」と言えば南アフリカだった。ここでは長いあいだ、指紋を押したパス(身分証明書)によって非白人の移動が管理されてきた。

こうした管理がとりわけ南アフリカで広がったのには、いくつかの理由が存在した。第一の理由は、彼ら非白人には「人権」がほとんど認められていなかったことである。だがこの理由は、他の植民地にも大なり小なり当てはまるものだろう。そこで考えられる第二の理由は、一八九九―一九〇二年の南アフリカ(ボーア/ブール)戦争後、多くのイギリス人当局者が占領行政のため現地にやって来て、当時最先端の統治技法を実践していったことである。これら統治

4-1　警官に証明手帳(ドムパス)の提示を求められる若者

技法のなかには、指紋による身元確認も含まれた。ガーンディーが登録証を燃やして抗議したのは、以上のような統治実践に対してだった。

パスによる管理は、その後の南アフリカでも引き継がれる。現地の白人は非白人の監視に関心を持ちつづけ、目的のために金鉱業の富が余すところなく費やされた。こうした監視の極致はアパルトヘイトである。一九五二年には原住民問題相フェルヴールトの下で、移動管理のみのアフリカ人向けパスが、納税や犯罪、病歴などの記録を統合した証明手帳に置き換えられた。この手帳のことを、当のアフリカ人たちはドム(ばかげた)パスと呼んでいる。もちろんコンピュータのない時代に、膨大な人口を網羅したドムパスの運用は困難だった。しかしながら政府は五〇年代半ば、それまで男性に限られていた携行

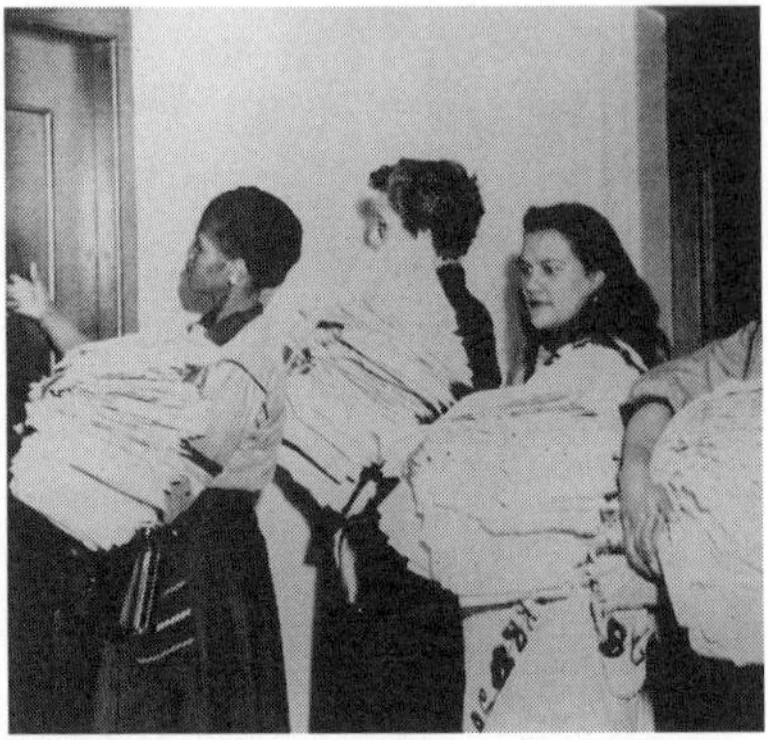

4-2　ドムパス反対の署名を提出するリリアン・ンゴイ（先頭）ら

を女性にも義務づけようとした。

これに対して最初に立ち上がったのはＡＮＣの女性たちである。五六年、女性初のＡＮＣ中央執行委員リリアン・ンゴイ率いる二万人は首都プレトリアの連邦庁舎（首相官邸）へ行進、ドムパス反対の署名を提出した。その後、女性たちは庁舎の前で時の首相ヨハネス・ストレイドムに向かって「お前は女たちに手を出したな、〔女性という〕岩にぶつかれば粉砕されるぞ」とシュプレヒコールを上げた。

また五八年にも、二〇〇〇人がドムパス反対のデモに参加して逮捕される。そのなかには、マンデラと結婚したばかりのウィニーもいた。ウィニーにとっては初めての逮捕であるが、このとき彼女は妊娠していた。翌五九年には娘のゼナニを出産する。それでもウィニーは政治活動をつづけた。しかし当時、ＡＮＣは運動の主導権を他の組織に奪われつつあった。

ＰＡＣの結成とシャープヴィル虐殺

その組織とはＰＡＣ（パンアフリカニスト会議）である。ＰＡＣは一九五九年に結成されたが、結成の背景には、ＡＮＣにおける共産党の影響力の増大や、自由憲章に象徴される白人との共生路線などへの反発が存在した。指導者のロバート・ソブクウェはマンデラのフォートヘア大学の後輩で、ヴィッツ大学のバントゥー語講師の職歴を持っていた。ＰＡＣには、マンデラの法律事務所助手時代の同僚で、彼を政治の世界に誘ったラデベも加わっていた。アフリカニストから共産党へ接近したマンデラに対し、元共産党員のラデベは真逆の道を歩んだ。

4-3　ロバート・ソブクウェ

ＰＡＣは、五〇年代後半の西アフリカの植民地独立にも刺激を受けていた。結成の際には、独立まもないガーナのンクルマ（エンクルマ）首相とギニアのセク・トゥーレ大統領が祝辞を寄せた。また両者の示唆により、ＰＡＣは、六三年に南アフリカで白人支配を打倒する目標を掲げた。この目標は、バス・ボイコットや在宅ストなどＡＮＣの失敗に落胆していた多くのアフ

4-4　シャープヴィル虐殺直後の警察署前

リカ人を引き寄せ、PACのメンバーは二万人に急増する。他方で、一九五二年の不服従運動の直後には一〇万人を数えていたANCの構成員は二万人にまで落ち込み、二つの組織は匹敵する規模になった。

マンデラは一九九〇年代後半に、ソブクウェのことを「もっとも手強いライヴァル」と振り返っている。その一方、自伝『自由への長い道』では「PACは、反共産主義の姿勢のおかげで、西側のマスコミとアメリカ国務省に気に入られ」た、と批判した。だが、西側諸国は当時、白人を南アフリカから追い出し兼ねないPACの危険性も認識していた。彼らのお気に入りはむしろ、共産党に多少近くても穏健なANCのルツーリ議長だった、と見る向きもある。

PAC結成の翌年の一九六〇年は、アフリカのさらに一七か国が独立し「アフリカの年」と呼ばれた。南アフリカでも、二月にイギリスのマクミラン首相が来訪し、議会で「変化の風が〔アフリカ〕大陸を吹き抜けている」と演説する。このような情勢を受け、ＰＡＣは行動を開始した。行動の当面の目標はドムパスの撤廃だった。各人がドムパスを捨て進んで逮捕され、留置場を満杯にする。ガーンディーとＡＮＣの不服従運動のスタイルが焼き直された。

三月二一日、彼らは各地の警察署前に集まった。ところが、ヨハネスブルク近郊のシャープヴィルで悲劇が起こる。パスに抗議する大勢の群衆に恐慌をきたした警官たちが発砲し、六九名が虐殺された。同日にはソブクウェらも扇動の罪で検挙される。

非常事態宣言から地下活動へ

このシャープヴィル虐殺は人々の怒りを招き、南アフリカ全土は騒乱状態に陥った。ＡＮＣも、一週間後の三月二八日に在宅ストを決行する。またこれと前後して、ルツーリ議長はナタールでパスを燃やした。マンデラもヨハネスブルクのオーランド居住区で、大勢のカメラマンを集めパスを焼いている。

こうした情勢に対し、先の原住民問題相で首相になっていたフェルヴールトは、彼の言う「厳格な処罰」を下す。三月三〇日には、非常事態宣言が出されてルツーリやマンデラら二〇

4-5　パスを焼くマンデラ

○○人以上が逮捕された。さらに、四月にはANCとPACも非合法化され、逮捕者は一万人をはるかに超えた。

その一方で、シャープヴィル虐殺はメディアを通して世界に伝えられた。南アフリカに反共の砦の役割を期待し、アパルトヘイトへの批判を手控えてきたイギリスなど西側諸国もようやく重い腰を上げ、国連安保理で非難決議が採択される。イギリスは南アフリカの宗主国だったが、アパルトヘイトについては、アフリカーナーが始めた、と責任を回避した。イギリスなどのアパルトヘイト非難に対して、フェルヴールト政権は一〇月、コモンウェルス（イギリス連邦）からの脱退の是非を問う国民投票を実施する。もちろん、国民投票と言っても非白人は含まれない。この投票の結果、脱退支持は過半数に達し、南アフリカは翌六一年の五月三一日をもって、エリザベス女王を元首に戴かない「共和国」になった。オランダ系のアフリカーナー・ナショナリストたちは、一八九九―一九〇二年の南アフリカ戦争でイギリスに敗北した恨みも晴らしたのである。

国民投票より前の六〇年八月末、非常事態宣言は解除、マンデラらは五か月ぶりに釈放された。だがＡＮＣは非合法化されたままであり、彼らは地下活動を決意する。すでにシャープヴィル虐殺直後の時点で、タンボは国外に拠点を築くため南アフリカを離れていた。六〇年の後半には、マンデラとタンボの共同法律事務所も清算される。

ただし六一年三月、マンデラは二回公の前に姿を現した。一回は、二五日にナタールで開かれた全アフリカ人会議である。全アフリカ人と言ってもＡＮＣのメンバー以外はほとんど参加しなかったが、会議後の在宅ストが呼び掛けられた。もう一回は二九日の、未だ終わっていなかった反逆罪裁判の判決言い渡しである。結果は無罪だった。フェルヴールト政権の圧力にもかかわらず、一九四八年のアパルトヘイト開始前に任命された判事たちによって司法の独立は守られた。

しかし、全アフリカ人会議のためナタールへ向かったのを最後に、マンデラが家に戻ることはなくなった。妻のウィニーは、前年の六〇年末に次女ジンジスワを出産したばかりだった。家を去る日、マンデラは門の外でウィニーに「身のまわりのものを小さなスーツケースに詰めてくれ」と言った。その表情を見てすべてを悟ったウィニーは、何も聞かないで屋内へ行き、泣きながら荷づくりした。だが再び門まで戻ったとき、マンデラはすでにそこにはいなかった。

スーツケースは後日、別の人間が取りに来た。

二　武装闘争とその帰結

黒はこべ

反逆罪裁判の判決言い渡しが終わると、マンデラは地下生活に入った。変装して、協力者の隠れ家を転々とする生活である。その一方で、早朝のジョギングの日課は止められず、家主を閉口させたこともあった。

またANCの地下活動開始を機に、シスルら周囲の人間はマンデラの偶像化を進めていく。それまでのマンデラは、『ドラム』誌のグラビアをたびたび飾ったとしても指導者の一人に過ぎず、組織の顔は議長のルツーリだった。だが、非合法化された運動のイメージに穏健なルツーリでは合わなくなり、マンデラに白羽の矢が立つ。これは、彼が独裁者になった、という意味ではない。彼も他の人間も、意見を述べることは許されたが、組織が決定した後はそれに従うことが求められた。

指導者の任務を与えられたマンデラは、地下に潜行するだけでなく、時に表舞台にも姿を見せる。特に国内外の新聞に取材してもらうため、みずから記者に電話を掛けて売り込んだ。神出鬼没の彼はやがて、フランス革命に題材を採った小説の主人公紅はこべになぞらえ「黒はこべ」と呼ばれるようになる。

さらにマンデラは、一九五〇年代前半から考えてきた暴力的手法に足を踏み入れていく。シャープヴィル虐殺後、PACやトロツキストたちはいち早く武装闘争を開始していた。またANCの内部でも、ケープ地方の指導者ゴヴァン・ムベキが軍事路線への転換を要求していた。それでもマンデラは、全アフリカ人会議で呼び掛けた在宅ストにこだわるが、六一年五月末のストは参加者が少なく失敗した。このときマンデラは、ルース・ファーストの仲立ちでイギリスのテレビ局ITVのインタビューを受け、「戦術の再考」に言及、つまり武装闘争を現実的手法として公言し始めた(なおこれは、彼が二七年間の獄中生活を経て一九九〇年に釈放されるまでに応じた唯一のテレビ出演となった)。

4-6　潜伏中のマンデラ

六一年六月のANCの一連の会合で、マンデラは

4-7　ゴヴァン・ムベキ
（逮捕時の警察写真）

武装闘争を提唱する。そこでは、五九年に成功してまもないカストロやゲバラのキューバ革命が引き合いに出された。この提案に対してルツーリ議長は反発する。彼は前月にノーベル平和賞の受賞が決まったばかりだった。武装闘争は結局、ＡＮＣとは別の組織を創設しそちらが担うことになり、ＭＫ（ウムコント・ウェ・シズウェ）が結成される。「民族の槍」の意で、一九世紀前半にアフリカ人のズールー王国の戦士たちが用いた武器に因んでいる。

以上の軍事路線への転換は、マンデラと共産党との関係を深めた。新組織の司令官には彼とシスルだけでなく、ルース・ファーストの夫で白人共産党員のジョー・スロヴォも就任した。共産党には中央集権的な組織のノウハウに加え、ソ連や中国とのパイプがあったためだろう。また共産党には、第二次大戦への従軍経験などを持ち軍事知識が豊富な白人党員もいた。マンデラが党の中央執行委員を兼ねたのもこのころである。ただし当時、そのことは公表されなかった。

六一年一〇月にマンデラらは、ヨハネスブルク郊外のリヴォニアにあるリリーズリーフ農場へ移る。ここには、ウィニーや子どもたちも時折やって来た。農場でマンデラは、当時中国の国家主席だった劉少奇《りゅうしょうき》の著書『共産党員の修養を論ず』の英語版を書き写している。そして一二月一六日、ＭＫは各地の発電所や官庁で最初の爆弾を爆発させた。この日は、一八三八年にズールー王国の戦士たちがオランダ系のボーア人に敗れた血の川の戦いから一二五年目に当たっていた。被害者は出さなかったが、ＭＫのメンバーが一名不注意で死亡した。

4-8　リリーズリーフ農場

アフリカとイギリスへの旅

一九六二年一月一〇日、マンデラは初めて国外に出た。エチオピアの首都アディスアベバで開かれるＰＡＦＭＥＣＳＡ（東・中央・南部アフリカのためのパンアフリカン自由運動）の会議に、ＡＮＣが招待されたからだった。ＰＡ

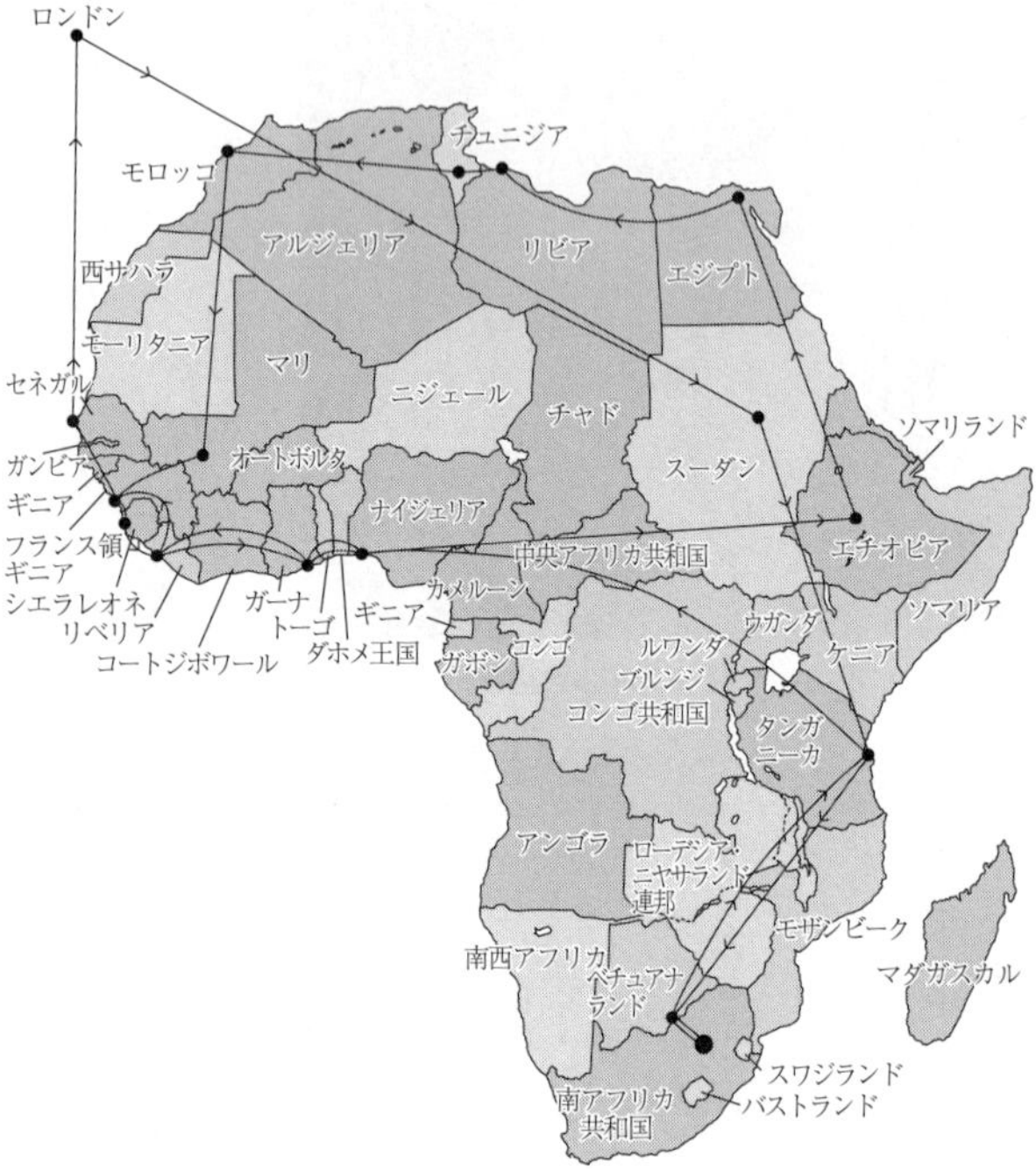

4-9　マンデラのアフリカ諸国歴訪(1962年)

FMECSAは、現在のAU（アフリカ連合）の遠い前身である。

マンデラが出国したのは、ただ会議に参加するためだけではない。より重要な目的は、ANCと武装闘争への国際的な支援を得ることにあった。彼は密かに陸路、英領ベチュアナランド（現ボツワナ）へ向かい、東アフリカのタンガニーカ（現タンザニア）などを経てエチオピアに着く。さらに、北・西アフリカ諸国を歴訪してイギリスへも足を延ばした

4-10　アルジェリア民族解放軍の訓練キャンプを視察するマンデラ(左から3人目)

後、七月三〇日に帰国した。エチオピアと西アフリカ、イギリスでは、南アフリカを離れていたタンボも同行している。

だが、マンデラはこれらの諸国で、期待していたほどの支援を得られなかった。独立まもないアフリカ諸国では、シャープヴィル虐殺の結果PACの知名度が高い一方で、白人と共産党に近いANCは好感を持たれていなかったからである。PACを支持してきた西アフリカ・ガーナのンクルマ大統領は、多忙を理由に面会を拒否した。タンガニーカの指導者ニエレレも、PACとの協力を勧めた。

またマンデラとニエレレは、政治思想の面でも対立した。ニエレレは、植民地になる前のアフリカ社会には階級がなかったと考え、それへの回帰を唱えた。しかし、共産主義の影響を受けた当時のマンデラは、植民地化以前にも階級は存在したとし、ニエレレに批判的だった。

その一方、マンデラは北アフリカで支持を広げた。ＰＡＦＭＥＣＳＡの会議でこれらの諸国を排除する動きがあった際に、彼が反対したためである。モロッコでは、独立を間近にしたアルジェリア民族解放軍の訓練キャンプを視察することができた。エチオピアでは本格的な軍事教練も受けられた。ただしエジプトでは、南アフリカ共産党系の週刊紙がナセル(ジャマール・アブドゥンナースィル)大統領を反共的と攻撃したことが災いし、ＡＮＣの評判は芳しくなかった。

マンデラは、イギリスでも野党の党首らと面会する。その合間に、ロンドンのパーラメント・スクエア(議会前広場)で南アフリカ人ヤン・スマッツの銅像を見た。オランダ系／アフリカーナーのスマッツは、一八九九―一九〇二年の南アフリカ戦争ではゲリラとしてイギリス軍と戦った。だが戦後は親英派に転じ、第一次・第二次大戦ではイギリス帝国の戦争遂行に重要な役割を果たす。マンデラは、いつか自分の像がここに立つだろうと予感した、と後に語っている。事実、この予感は四五年後に実現する。

ロンドンで彼は、国外に出ていた南アフリカ・インド人会議の指導者にも会った。その際マンデラは、アフリカ諸国でのＡＮＣの不人気に対処するには「イメージ」を変えていく必要がある、と語っている。しかしながら、彼に残された時間はわずかしかなかった。

逮捕

それというのも、南アフリカに帰国して一週間後の一九六二年八月五日、マンデラは逮捕されたからである。ルツーリ議長に旅の報告をするためナタールへ行った帰り道、車に乗っているところを警察車両に取り囲まれた。ただし容疑は、全アフリカ人会議での在宅スト呼び掛けと密出国だけだった。ＭＫの武装闘争とマンデラのかかわりについて、確たる証拠を政府はまだ握っていなかった。

一〇月一五日に始まった裁判は、マンデラにとって前述の「イメージを変えていく」場になった。まず彼は、民族衣装を着て出廷した。ＰＡＣのアフリカニズムが人気を集めているのを見て、テンブ王家の出自とＡＮＣのアフリカ的性格をアピールしたのである。また陳述では、植民地化以前のアフリカを無階級社会として理想化した。同じ年にタンガニーカのニエレレを批判していたのとは対照的で、現実主義者マンデラの真骨頂と言えるだろう。裁判には国際的な圧力も掛かり、国連では経済制裁が決議された。それでも一一月七日には、懲役五年の実刑判決が言い渡される。

マンデラは即座に、首都プレトリアの刑務所に収容された。衣食などの待遇は酷かった。彼がそのことに対して抗議すると、当局は、独居房へ移るならそこでは待遇を改善する、と条件を示した。ところが、誰とも話せない生活は耐え難く、彼は数週間で雑居房に戻る。その後マンデラは、シャープヴィル虐殺以来獄中にいたPACのソブクウェとも交流した。交流は、所内の庭に座って縫い物をしながら、イギリスの劇作家であるバーナード・ショーやシェークスピアなどについて議論する「穏やかな」ものだった。なお、マンデラは一九六三年五―六月の二週間、南大西洋上のロベン島の監獄にも移送されている。これは彼の処遇についての実験のようなものだったが、ロベン島の話は次章に委ねたい。

4-11　民族衣装を着るマンデラ

しかし七月一一日に、事態を悪化させるできごとが起こる。マンデラの最後の隠れ家だったリリーズリーフ農場が警察に急襲され、当日そこにいたシスル、ケープ地方の指導者ムベキ、インド系のカトラダらが逮捕された。またＡＮＣの武装闘争とのかかわりや、彼らが破壊工作だけでなくゲリラ戦も検討していたことの証拠、さらにはマンデラによる『共産党員の修養を論ず』の筆写までもが発見された。彼はプレトリアで再び裁判に掛けられる。

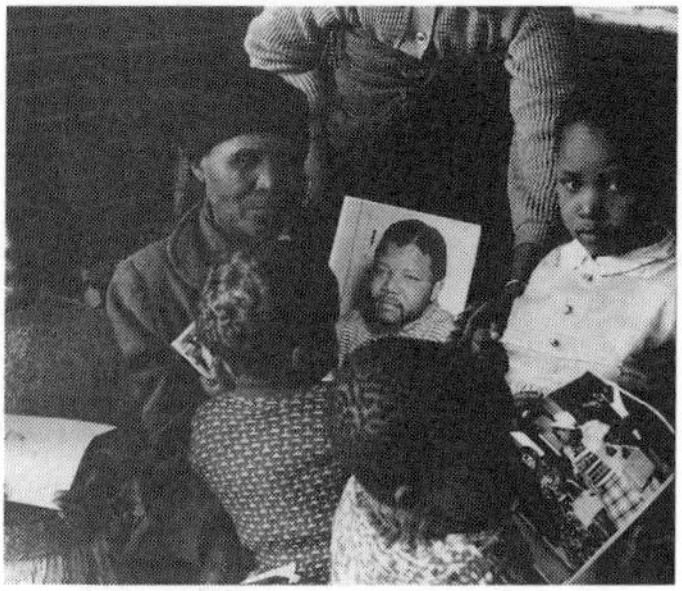

4-12　傍聴にやって来たノセケニ

リヴォニア裁判

一九六三年一〇月九日、マンデラ、シスル、ムベキ、カトラダらの公判が開始された。この公判は、リリーズリーフ農場の所在地の地名に因んでリヴォニア裁判と呼ばれる。弁護士は、反逆罪裁判のときと同じブラム・フィッシャーらが務めた。だが、今回の罪状である破壊活動および共謀の最高刑は死刑だった。もはや民族衣装の着用も許されない。傍聴席には妻ウィニーの他、クヌ村から上京してきた母ノセケニの姿が見られた。

リヴォニア裁判におけるマンデラの陳述は、四時間以上に及んだ。まず彼は、破壊活動を計画したことは否定しなかった。しかし、それは「白人が長年にわたって民衆を専制支配し、搾取し、抑圧してきたために生じた政治状況を、冷静に、ありのままに評価した結果」だった。ここで彼は、一九一二年のＳＡ

NNC／ANC結成以来の歴史を振り返る。ANCは、四〇年代までは請願と代表団派遣の合憲的な闘争を、その後の不服従運動などでも非暴力を堅持してきた。ところが六〇年代に入り「政府が力だけに頼って支配することを決意した」ため、軍事組織MKの創設へと踏み出した、という。

次いで陳述は、被告たちがゲリラ戦まで検討していた、との検察側の主張に移る。マンデラは、黒人と白人が互いに争う内戦は最後の手段であると考えていた、と述べた。内戦が起きてしまうと、戦後に「人種間の平和を達成することが一層難しくなる」からだった。

さらに彼は、ANCに対する共産主義者の影響を否定した。「たしかに、両者はしばしば密接に協力し合ってきた。だがそれは、第二次大戦でイギリス、アメリカ合衆国とソ連が協力したようなものである。こうした関係のために、チャーチルやローズヴェルトが共産主義者になったなどと主張できるだろうか」。マンデラは、『共産党員の修養を論ず』の筆写は手習いだったと、自身が党員であることも明確に否認している。

では、共産主義者でないとすれば彼個人の立場はどうなのか。この疑問に対してマンデラは、第一に「アフリカ人の愛国者」であると答えた。「植民地化以前のアフリカ人の無階級社会に感嘆しているから」だった。また彼は、第二に「西欧の制度の信奉者」であるとも述べた。

マグナ・カルタ、権利請願、権利章典は、全世界の民主主義者に尊敬されている文書です。私は、イギリスの政治制度と司法制度を非常に尊敬しています。私はイギリス議会は世界で最も民主的な制度だと考えています。イギリスの司法の独立と公平さが、私に尊敬の念を呼び起こさなかったことはありません。アメリカ議会、アメリカの権力分立の原理、そしてその司法の独立もまた、私に同様の感情を呼び起こします。

（鈴木隆洋訳『自由への容易な道はない』）

最後にマンデラは、アフリカ人の貧困と尊厳の欠如、証明手帳（ドムパス）の問題点などについて説明した。そして、自分たちの闘争が「生きる権利のための闘い」であり、「わたしは死ぬ覚悟ができています」と締めくくった。

以上の陳述はもちろん、額面どおりに受け取るわけにはいかない。当時のマンデラがそこまでの平和主義者だったかどうかは疑問だし、共産党員でなかったという、事実と異なる内容も含まれている。唐突に西欧の制度の信奉者と言い出したのは、傍聴席に英米の報道記者が詰め掛けていたからだろう。

4-13　裁判所前のウィニーと娘のゼナニ，ジンジスワ

それでも、マンデラの陳述は法廷を大きな感動で包んだ。イギリスの保守的な『サンデー・テレグラフ』紙さえ、「南アフリカの悲劇は、マンデラのような、裁くべき能力のある人物が裁かれる立場にいるところにある」と書いた。こうした国際世論に圧《お》されて六四年六月、彼には死刑ではなく終身刑の判決が出る。シスル、ムベキ、カトラダも終身刑となった。

ところで、この裁判を通して妻ウィニーの存在が一躍知られるようになる。彼女は、傍聴席で民族衣装を着ようとしたが禁じられ、姉妹が代わりを務めた。判決が出ると、ウィニーは法廷の外に出て「アマンドラ！」(人民に力を)と叫び、詰め掛けた人々を鼓舞した。その後を、イギリスのBBCテレビの取材クルーが追い掛けていった。

第5章

「誰もが彼に影響された」

一　監獄の内と外

ロベン島

リヴォニア裁判の判決が出た日の真夜中、マンデラ、シスル、ムベキ、カトラダらはプレトリアの刑務所から軍の飛行場へ護送され、輸送機に乗せられた。着いたのはケープタウン沖のロベン島である。この島は一七世紀以来、植民地支配に抵抗する者の監獄、ハンセン病患者の収容施設などとして使われてきたが、第二次大戦をきっかけに軍事基地化していた。しかし、一九六〇年代に入って政治囚が増えると監獄が再建された。「遠く隔たった別世界」の感が、管理する側にとって、外部の目が届きにくく収監者が孤立無援の心境に陥りやすい点で好都合に思われたためだろう。

監獄には、一般囚を含めて一〇〇〇人以上が入れられた。囚人は全員がアフリカ人、カラード、インド人の男性で、看守は一九六四年以降、白人に限られた。マンデラらは、なかでも警備の厳しい区画に入った。ここは、中庭を平屋が取り囲む造りになっており、建物には数十の

5-1 中庭での刑務作業

独房が存在した。この区画には一時期を除き、破壊工作などに従事した特に重罪の政治囚のみが収容された。だが、彼らの立場はANCのマンデラから、カラード/トロツキスト、PACの活動家までさまざまだった。彼らが集団生活を認められていたのに対し、破壊工作の前に逮捕されていたPAC指導者のソブクウェは、プレトリアの刑務所で刑期を終えると、ロベン島の監獄外の小屋で一人軟禁生活を強いられた。

マンデラの一日をたどってみよう。起床は五時半。六時四五分に独房から出され、流しでトイレ代わりのバケツを洗った後に、中庭で朝食の配給を受ける。その後は、昼食を挟んで午後まで刑務作業である。作業の内容は当初、中庭で石を砕いて砂利にすることだったが、翌年には所外での石灰岩の採掘に変更された。ところが、白い石灰岩に反射する強烈な太陽光はマンデラの目を傷め、障がいが残ることになる。一六時に作業を終えると浴室で、海水を引っ張ってきただけの冷水のシャワーを浴びた。冷水は、特に真冬のロベン島では平均気温が一〇度を下回るため過酷なものである。シャワーの後は、一六時半に独房に戻されて夕食をとった。

監獄での日々は、多様な意味で苦難の連続と言えた。食事はトウモロコシの粥ばかりだったが、より「文明的」とされたカラードとインド人にはパンも与えられた。こうした差別は衣服についても同じで、アフリカ人には半ズボンしか支給されなかった。つまり、子ども扱いされたのである。また、監獄の単調な生活はマンデラの場合、何日経ったかを独房の壁にチョーク代わりの石で記し、朝食の配給前に中庭でジョギングを試みることなどにより、辛うじて乗り越えられた。

それでも、数十人の囚人が一つの区画に収容されたことは大きかった。マンデラらはしばしば看守たちの気まぐれで懲罰房に隔離されたが、平時は他の囚人たちと話すことができた。しかし、小屋に一人いたソブクウェは刑務作業こそなかったものの、誰とも話すことを許されず次第に精神を蝕まれていった。一九六九年にはケープ州北部での自宅軟禁に切り換えられるが、痛手を十分には回復しないまま七八年に亡くなった。ソブクウェの悲劇は、マンデラの苦難が突出したものではなかったことを教えている。

アパルトヘイトの激化

ロベン島のマンデラを最初に訪れた外部の人間は弁護士のブラム・フィッシャーで、収容されて二週間後のことである。これは、二人の最後の面会となった。フィッシャー自身がまもなく地下活動と武装闘争に身を投じ、逮捕されたからである。彼は終身刑の判決を受けてプレトリアの刑務所に入り、一九七五年に病死した。国内で活動する最後の中心的メンバーだったフィッシャーの逮捕により、ANC／共産党の組織は壊滅した。ANCのルツーリ議長はその前から自宅軟禁されており、六七年、近所を散歩中に線路で列車に轢《ひ》かれ亡くなった。事故説と、警察などによる他殺説とがある。共産党のコタネ書記長、ルース・ファースト&ジョー・スロヴォ夫妻らは、タンボと同様に国外へ逃れた。コタネは七八年にソ連のモスクワで客死する。

マンデラらは、外部の人間との面会や、手紙のやり取りについても厳しい制約を受けた。まず、いずれも回数が著しく制限された。また手紙は検閲され、不都合な箇所があるとナイフで切り抜かれた。映画『マンデラの名もなき看守』の原作者ジェイムズ・グレゴリーが当時していたのは、このような仕事である。面会も一回三〇分、窓越しで、看守が立ち会い、話が政治

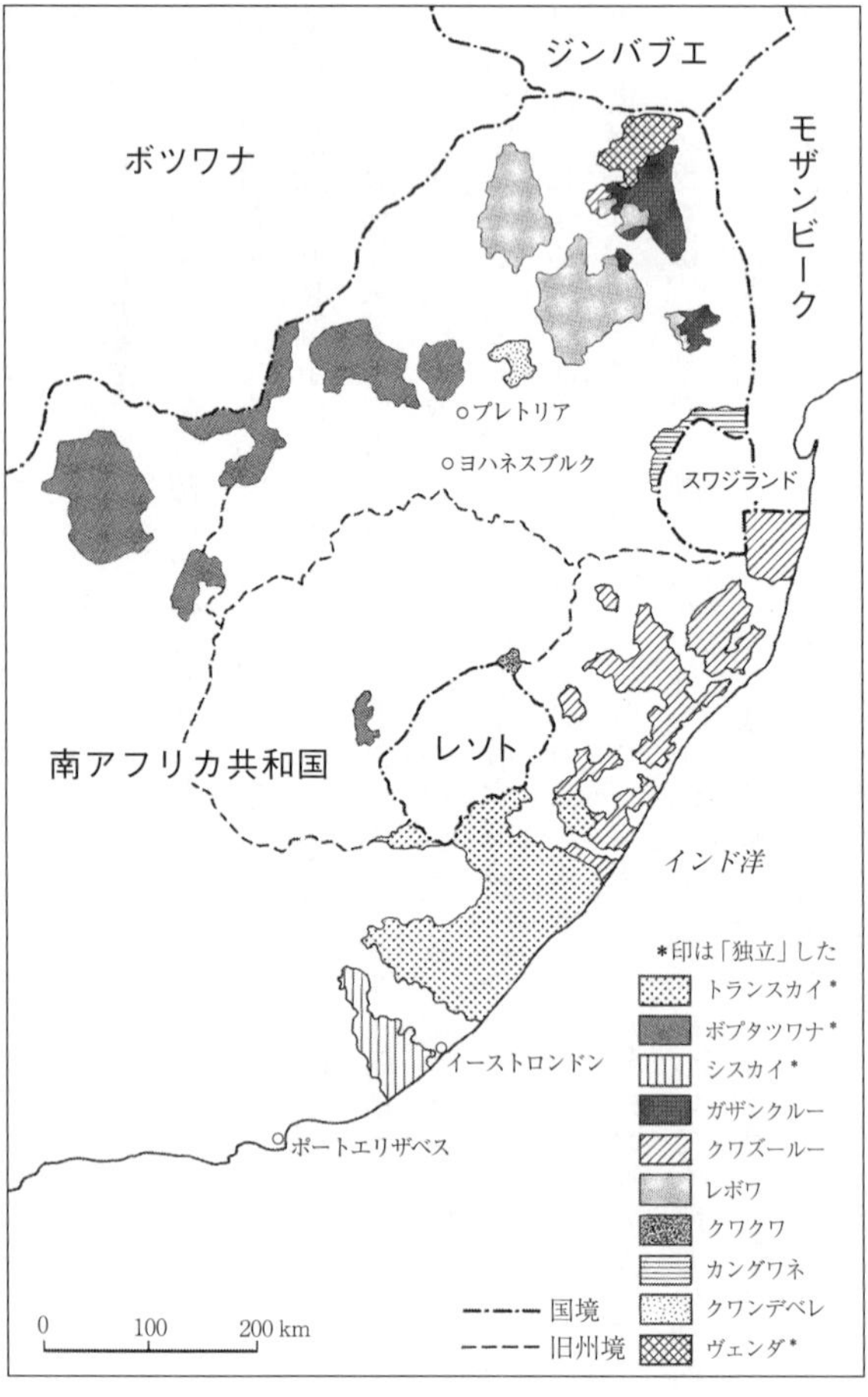

5-2　ホームランド(バントゥースタン)の分布

に触れると打ち切られた。それでも、妻のウィニーは何度か島へやって来た。だが彼女自身、活動禁止処分を繰り返し受け、職を転々としなければならなくなっていた。幼い娘のゼナニとジンジスワは、止むを得ず英領スワジランド(現エスワティニ王国)の寄宿学校に預けられた。

ロベン島の囚人たちに許されていた数少ない外部との交流の一つは、政治学などを除く通信教育の受講である。マンデラは、ヴィッツ大学で取得できなかった、弁護士としてのグレードアップにつながる法学士の学位をイギリスのロンドン大学で取ることを目指した。しかしこれも、教科書や参考書を検閲されるといった困難に直面した。

一九六〇年代は、抵抗運動への弾圧にとどまらずアパルトヘイトが厳しさを増した時代である。その代表例は、農村の原住民保留地が一〇の「ホームランド」(「バントゥースタン」)に再編されたことだった。ホームランドは、ズールーなどの「民族」ごとに指定された。分割統治によってアフリカ人の結束を防ぐためである。また、いくつかのホームランドには名ばかりの独立が与えられ、その代償として、ホームランド外におけるアフリカ人の政治的権利は完全に否定された。なお、ホームランドの多くが飛び地で構成されているのは、白人農場主たちが土地の収用に反対したからだった。

以上の政策は、マンデラの一族にも軋轢《あつれき》をもたらす。甥のマタンジマはホームランドの一つトランスカイの首相に、ウィニーの父親もその下で農業相に就き、マンデラやウィニーの反発を招いた。さらに、ホームランド政策は将来にも禍根を残す。シスルは「時限爆弾」と呼んだが、詳しくは一一一頁以降で述べることにしたい。

こうしたアパルトヘイト激化の一方で、南アフリカは、当時の世界で日本に次ぐ高度経済成長を達成しつつあった。西側諸国は人権問題より金など鉱産資源の確保を優先し、南アフリカへの投資を拡大させる。白人の生活水準も向上し、アフリカーナー・ナショナリストの国民党政権は選挙での大勝を重ねた。

看守たちの感化とＡＮＣ

一九六〇年代、西側のマスコミもマンデラらへの関心を次第に失っていく。たしかに収容されてすぐには、イギリスの保守的な『デイリー・テレグラフ』紙の記者が刑務所に取材を申し込んで許可されたこともあった。写真5－3は、このとき撮影されたものである。だがその後は、彼らに関する記事自体が途絶えた。

それでも、国際赤十字の視察団はたびたびロベン島を訪れた。また六六年七月には、監獄全体を巻き込んでハンガーストライキが実行された。こうした外部からの圧力と内部での闘争の

5-3　獄中のマンデラ(左)とシスル

結果、食事は改善され、アフリカ人にも長ズボンが支給されるようになる。

　しかし監獄の状況をよくする上で大きかったのは、マンデラが「個人的に看守たちを感化」したことである。看守の多くはアフリカーナーだったため、マンデラは通信教育で彼らの言語のアフリカーンス語を習った。さらにアフリカーナー詩人の詩集などを手に入れ、彼らのものの考え方を学ぶ。このようにして看守たちと親しくなり、やがて一部の者とは政治の話までするようになった。マンデラは後年、その極意を次のように語っている。

　私から看守と政治についての話を始め

たことは、決してありませんでした。私は看守たちの言うことに耳を傾けました。質問したがっている人に応える方が、効果的なのですよ〔略〕「なぜ、罪もない人を攻撃したり、殺したりして、この国にひどい難儀をもたらすんだ？」と聞いてきたら、こう説明するチャンスなのです。「あなたは自分の国の歴史を知りませんね。イギリス人に抑圧されたとき、あなたたちは私たちとまったく同じことをしました。それが歴史の教訓なのです」。

（長田雅子訳『ネルソン・マンデラ――私自身との対話』一部改変）

マンデラは、自伝『自由への長い道』で当時を振り返って「獄中の闘争を、〔自由を求める長い〕闘争全体の縮図と見なしていた」とも述べている。看守たちを感化した経験も後に、より大きな舞台で活かされていくことになる。

以上の努力は、一九六〇年代末の時点では囚人たちに「集会の自由」をもたらした。この自由をてこに、ANCのメンバーは刑務所内に独自の内部組織を創る。マンデラ、シスル、ムベキらの「最高機関」に権力が集中し、若い囚人たちの政治教育を重視する、かつてのM計画さながらの組織だった。またこれとは別に、ANC、PAC、トロツキストから成る囚人委員会も結成される。しかしだからと言って、党派間のわだかまりが解消したわけではなかった。そ

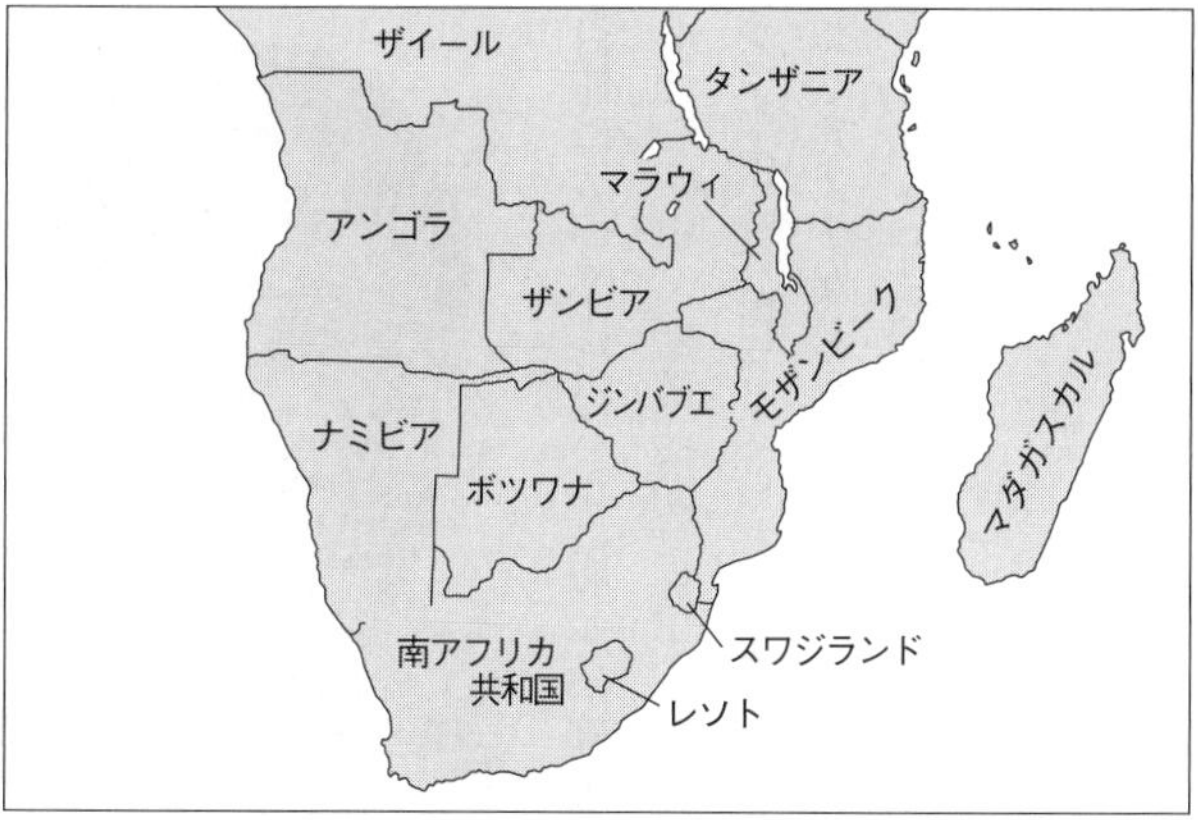

5-4　南部アフリカ

れどころかマンデラ、シスル、カトラダとムベキのあいだでさえ意見の対立は燻《くすぶ》りつづけるが、その話は後に回したい。

ここではＡＮＣの亡命組織など、刑務所外での活動を見ておこう。まず、タンボはロンドンを拠点に西側の市民運動や政治家との連携を図っていたが、世論の関心が低下していたため成果は上がらなかった。また、南アフリカで活動できなかった軍事組織のＭＫは、タンザニア次いでザンビアを根拠地に選んだが、両国は南アから遠く離れていた。だが、これは止むを得ない選択だった。例えば一九六七年の時点で、レソトとボツワナは独立したばかりであり、ジンバブエ(ローデシア)は南アフリカと同様に白人政権が支配していた。さらに、イギリス領のスワジランド、ポルトガル領のモザンビークとアンゴラ、

5–5　クリス・ハニ

南アフリカ占領下のナミビアはまだ独立していなかった。

南アフリカ国内への働き掛けが難しいなかで、ＭＫは六七年にジンバブエのソ連派ゲリラと共同して同地の白人政権への攻撃を始めた。この戦闘で頭角を現したのが、一九四二年生まれのアフリカ人で、ＡＮＣからＭＫへ入ったクリス・ハニである。戦闘自体については六八年に敗北が確定した。しかしその後も、ＭＫ／ＡＮＣへのソ連・東ドイツなどの軍事・財政援助は拡大し、再起が図られる（南アフリカ共産党は当時、中ソ対立の激化のなかで中国とは断交していた）。また、六九年にタンザニアの町モロゴロで開かれた会議で、それまでアフリカ人のみの組織だったＡＮＣは、ジョー・スロヴォら非アフリカ人共産党員の加入を認める（前章で述べたようにＭＫには、以前から司令官のスロヴォを始め非アフリカ人共産党員が加わっていた）。

再びの苦難の時代から自伝の執筆へ

一九七〇年前後は、マンデラにとって再び苦難の時代になった。まず、六八年に母ノセケニが病死したのにつづき、翌六九年には長男のテンベキレが二四歳の若さで交通事故死した。ノセケニは亡くなる直前にロベン島まで面会に来たが、テンベキレとは、リヴォニア裁判で傍聴席にいるのを見掛けたのが最後になった。一九五八年に両親が離婚してから、テンベキレは父親とも、父親のような生き方とも距離を置いた。ケープタウンへ移って無許可の酒場（シェビーン）を経営し、若くして結婚、二人の娘を儲ける。だが、父親が船で数十分の距離のロベン島に収容されていても、面会に訪れることはなかった。

テンベキレが亡くなった六九年には、妻のウィニーも鉄道車両基地への放火を計画したとして逮捕される。娘たちは、スワジランドの寄宿学校や知人に預けられる日々がつづいた。また、六〇年代初頭のマンデラのころと比べても容赦のなくなっていた警察は、ウィニーを拷問に掛けた。しかし裁判では、アメリカ合衆国の『ニューヨーク・タイムズ』紙のキャンペーンなどが功を奏して無罪判決が出る。ところが七一年、今度はロベン島で新任の刑務所長ピート・バーデンホルスト大佐が囚人たちへの拷問を始めた。だが、拷問によるムベキの心臓発作が一つの契機となって、大佐は転出する。

その後、所内の状況は七一年以前と比較しても改善した。シャワーは、冷水ではなく温水が出るようになり、刑務作業にも、石灰岩の採掘よりは重労働でない海藻採りが加えられる。なお、この海藻は当時看守たちによって、日本へ輸出され肥料として使われる、と説明された。

所内の状況が改善すると、シスルとカトラダは七五年、マンデラに自伝の執筆を勧めた。マンデラはわずか数か月で書き上げ、二人の修正を受ける。原稿は看守に見つかり、三人は罰として、通信教育の受講権を四年間にわたって取り上げられた。しかし、写しは出版のため、刑期を終えて出獄した同志の手で秘かに持ち出される。

ところが、ザンビアに到着した原稿はスロヴォらによって握り潰された。ＡＮＣに対する共産党の指導的地位を十分に認めていないことがその理由だった。ＡＮＣと共産党の関係は、ロベン島でもマンデラ、シスル、カトラダと、ムベキのあいだの対立の大きな原因になっていた。ただ島では、共産党の優位を主張するムベキは少数派だった。だが、亡命組織では六九年のモロゴロ会議以降、党の優位が次第に確立されていった。島と亡命組織のあいだには、ずれも生じていたのである。自伝が日の目を見るには、なお十数年を要した。

二　黒人意識運動からフリー・マンデラ・キャンペーンへ

黒人意識運動

一九七〇年代半ば、アパルトヘイトは転機を迎える。第一に、七三年の世界的なオイル・ショックの結果、南アフリカの高度経済成長は止まった。第二に、ポルトガルで権威主義体制がクーデターで倒れると、同国の植民地だったモザンビークとアンゴラが七五年に独立した。この二国では親ソ政権が誕生し、スロヴォらは、南アフリカと国境を接するモザンビークに前線基地を移した。

5-6　スティーヴ・ビコ

しかしもっとも重要だったのは、一九四六年生まれの元医学生スティーヴ・ビコによる黒人意識運動の登場である。彼を扱った映画『遠い夜明け』をご覧になった読者もいるかもしれない。ビコは黒人に、劣等感を克服し、肌の色と文化に誇りを持つよう訴えた。彼はアメリカ合衆国のブラック・パワー運動、フランス領植民地のカリブ海の島々やアフリカで起こった文学運動「ネグリチュード」、植民地主義批判で知られる思想家フランツ・ファノンなどの影響を受けていた。その一方で、ＰＡＣの

表5-1　五者による人種の分類

アパルトヘイト体制	白人	カラード	インド人	バントゥー
ANC／共産党	白人	カラード	インド人	アフリカ人
PAC	白人	カラード	インド人	アフリカ人
トロツキスト	白人	非ヨーロッパ人		
黒人意識運動	白人	黒　人		

ソブクウェらとの共通点も指摘できるが、違いも存在した。

表5-1はアパルトヘイト体制、ANC／共産党、PAC、トロツキスト、黒人意識運動の五者が人種をどのように分類したかを示している。また薄いグレーの箇所は、それぞれが重視した人種である。まずアパルトヘイト体制、ANC／共産党、PACに注目しよう。三者が重視する人種は異なるが、分類自体は変わらない。すなわち、ANC／共産党とPACはアパルトヘイト体制に反対しながらも、その人種分類を踏襲している(ただし、差別的な「バントゥー」の語は「アフリカ人」と言い換えられている)。他方で、トロツキストはカラード、インド人、アフリカ人の「分割統治」を批判し、まとめて「非ヨーロッパ人」と呼んだ。だが、この呼称はいかにも中途半端だった。これはトロツキストが、人種ではなく階級こそが大事だ、と主張したことに関係している。黒人意識運動は、非ヨーロッパ人を黒人と呼び、そのプライドに訴えた点が新鮮と言えた。

しかし以上のように記すと、人種分類をめぐるトロツキストと黒人意識運動の共通性が強調され過ぎてしまうかもしれない。実際には、トロツキストが白人を排除しない点は、黒人意識運動とは相容れなかった。黒人意識運動が共感を示したのはむしろ、白人を攻撃するPACに対してである。そして重要なことだが、ANC／共産党とは距離があった。

黒人意識運動は、一九七六年のソウェト蜂起に影響を与える。六月一六日、アフリカーンス語での教育を強制する政府に対し、黒人の生徒たちがヨハネスブルクのソウェト地区で抗議行動を起こした。これは全国に広がり、警察は数百人を虐殺する。経過は国際的に報道された。

ソウェト蜂起の逮捕者らは、まもなくロベン島にも送られる。マンデラは黒人意識運動を、「〔アメリカ〕帝国主義勢力の手先」と見なしていた。自分たちとは相容れない存在に対する、冷戦期の左翼特有のレッテル貼りである。だが、マンデラは同時に、彼らのことを「ANCの肥沃な温床」とも考えた。しかし自分からは勧誘に動こうとせず、看守たちを感化したときと同じように、「相手の言うことに耳を傾ける」方法を採る。「青年たちに、ANCが多くの異なる意見や集団を収容できる巨大なテントであることを理解してもらう」ためだった。マンデラは、刑務所内での自身の役割について「単なるANCの指導者というだけではなく、統一の促進者、公正な仲介者、不偏不党の調停者」とも述べている。「父親みたい」な彼に従い、多くの囚人が、本来距離があったはずのANCに加入した。

他方島の外でも、当時南アフリカの隣国レソトを拠点に活動していたクリス・ハニらが、黒人意識運動の若者数千人をANCへリクルートすることに成功する。若者たちは、アンゴラにあったMKの訓練キャンプに送り込まれ、軍事教練と政治教育を受けた。このように記せば聞こえはいいが、キャンプでは幹部による若者たちのリンチ殺人も行われ、二十数名が犠牲になった。生き延びた者たちは一九七〇年代末以降、スロヴォが取り仕切るモザンビークの前線基地から、南アフリカ国内の警察署、製油所、国防軍司令部などを襲撃するため送り出されることになる。

マンデラやハニによる勧誘が上手く行った理由の一つは、一九七七年にビコが警察に虐殺され、黒人意識運動の最大の支柱が失われたことである。その一方で、運動のメンバーが共感を寄せていたPACは、彼らを首尾よく吸収できなかった。これは、PACの組織の混乱が一因だった。PACは、ANC/共産党のような中央集権体制を築けていなかったのである。

家族への手紙

ソウェト蜂起の弾圧によってアパルトヘイト体制のイメージが悪化すると、国民党政権はロベン島の状況のさらなる改善を試みる。一九七七年には刑務作業が免除され、マンデラはテニスなどのスポーツと野菜づくりに勤しむようになった。またこの年、当局は国内の報道陣を刑務所に招き入れたが、マンデラは宣伝に使われるのを嫌がった。しかしその際、無理やり撮影されたのが、七〇年代唯一のマンデラの写真である。

島の状況が改善した結果、マンデラは、家族へ頻繁に手紙を送ることができるようにもなった。もちろん検閲はつづいたため、政治ではなくプライベートな話題が中心である。それでも、長年離ればなれに暮らしていたマンデラからの手紙は、家族を戸惑わせることが多かった。例えば、妻ウィニーと娘ゼナニの食物アレルギーを聞き付けると、七八年三月の手紙では、アレルギーの治療にスポーツが効くことを説いている。ウィニーに「運動マニア」と皮肉られるゆえんである。

5-7　無理やり撮影されたマンデラ

だがもっとも困惑したのは、先妻エヴエリンとのあいだに生まれた子どもたちだった。長男のテンベキレが亡くなってから、次男のマハトは家族の期待を一身に受けていた。テンベキレと違い、マハトはマンデラのもとへ面会にやって来た。しかし、マハトは大学入学資格試験に失敗しつづけ、その間に結婚して息子も生まれたが、学歴を重視していたマンデラは七八年一二月、次女マカジウェに宛てて「マハトは、家族でただ一人の黒い羊〈面汚し〉であることを自覚するだろう」と記している。マハトはその後、紆余曲折を経て、ホームランドのトランスカイで実母が経営する商店を手伝った。この店は、マンデラの甥でホームランド首相となっていたマタンジマが、元義理のおばエヴェリンの窮状を見兼ねて世話したものである(マタンジマは八〇年代後半にホームランド内の政争で失脚した)。

一方で、マカジウェも若くして結婚し、二人の子どもを儲けたものの、まもなく離婚して自立の道を模索した。だが、彼女がかつてのエヴェリンと同じ看護師を目指すと、マンデラは手紙で「真の野心と積極性のない者は、一生低い地位に甘んじて懸命に働くことを余儀なくされるのだ」となじった。マカジウェは、父の助言に従って看護師の道を諦めフォートヘア大学へ進み、やがてアメリカに留学する。しかし、子どもたちをめぐるマンデラの立身出世志向を「ケネディ家のような王朝を望んでいる」と批判しつづけた。

ウィニーの「流刑」とフリー・マンデラ・キャンペーン

5-8　ソウェト蜂起時の虐殺に抗議するウィニー

ここで、一九七〇年代のウィニーの足跡をたどりたい。六九―七〇年の逮捕と裁判が国際的に報道されて以降、彼女は独立した政治家と見なされるようになった。特に、七六年のソウェト蜂起で生徒たちを支援するため「黒人親の会」を組織したことは、彼女の声価を高める（なお当時のウィニーの立場は、マンデラやANC／共産党のそれからやや外れていた。ANC／共産党は、蜂起の原動力となった黒人意識運動に対して、後にメンバーを吸収したとはいえ批判的だったためである）。

だが、ウィニーの影響力を恐れた当局は、七七年に彼女を、オレンジ自由州の小都市ブランドフォートの黒人居住区に追放した。ブランドフォートに限らずオレンジ自由州は、アフリカーナーの保守的な土地だった。ウィニーはここのことを、ロシアの流刑地に喩えて「小シベリア」と呼んでいる。しかし彼女は、アフ

5-9　ターボ・ムベキ

リカ人の入店が禁止されていた白人商店にあえて入るなどし、町の空気を変えていった。その一方でソーシャルワーカーの経験を活かし、黒人居住区に託児所や診療所を開設する。彼女のもとには『ニューヨーク・タイムズ』を始め西側の記者や、大使館員までもが訪れるようになった。他方、ウィニーは次第に、ＡＮＣ／共産党とは異なる路線を進んでいくが、詳しくは後で述べたい。

七〇年代末、ウィニーの二人の娘たちもそれぞれの道を歩み始める。まず、幼いころからスワジランドの寄宿学校に預けられていた年上のゼナニは、七八年に同国の王子と結婚した。その結果、彼女は外交特権を与えられ、マンデラとの自由な面会が可能になる。ゼナニと王子にも、マンデラは次女マカジウェ同様のアメリカ留学を勧め、彼らはそれに従った。また、年下のジンジスワは兄弟姉妹のうちもっとも「戦闘的」で、ブランドフォートにも同行した。だがやがて、結婚することなく娘を出産し、ヨハネスブルクへと戻った。

ウィニーの逮捕と裁判、黒人親の会の活動そして流刑は、夫であるマンデラへの世界的関心を呼び覚ます。自伝の原稿はスロヴォらによって握り潰されたままだったが、一九七八年には彼の六〇歳の誕生日を記念し、演説や論文などをまとめた『闘いはわが人生』が国際出版された。七九年には、獄中の彼に対してインド政府からネルー賞が与えられる。八〇年には、初のマンデラ伝も公刊された。同書は、反逆罪裁判の支援基金などに尽力し、その後イギリスへと逃れた同志メアリー・ベンソンによるものである。

さらに、こうした関心の高まりを見てANCも、彼の釈放を求める国際的署名運動「フリー・マンデラ・キャンペーン」を始めた。立案者は、ゴヴァン・ムベキの息子で後にマンデラの後継者となるターボ・ムベキである。一九六〇年代初頭イギリスへ亡命したターボ・ムベキは、サセックス大学で経済学の修士号を取得、西側の学生運動や市民運動にも精通していた。フリー・マンデラ・キャンペーンは、八〇年ジンバブエの黒人政権誕生で南部アフリカへの注目が集まっていたこともあり、大きな成功を収める。以上の国際的圧力のなかで、南アフリカ政府は八二年、マンデラ、シスル、カトラダらをケープタウン近郊のポルズムーア刑務所に移送した(ゴヴァン・ムベキはロベン島にとどまり、八七年病気を理由に釈放される)。マンデラらの待遇はいっそう改善された。

三　釈放への道

政権の硬軟両様

周りが海で、平屋から成るロベン島の監獄とは対照的に、ポルズムーア刑務所の建物は、高いコンクリートの壁に囲まれたビルだった。ここでは、他の受刑者は全員が一般囚で、マンデラらは最上階に隔離された。ただし独房ではなく、「広々とした部屋」をシェアした。状況の変化はこれだけではなかった。食事は大幅に改善され、冷めた料理を温めるためのホットプレートが与えられた。テラスでスポーツと野菜づくりがつづけられたばかりでなく、室内でのトレーニングマシンの使用も認められた。国内外の新聞・雑誌の購読や、国内のラジオ・テレビ、さらには海外映画・ドラマのビデオ視聴までできるようになった。一九八四年からは、窓越しでない接触面会も許された。なお、この面会に立ち会ったのは「マンデラの名もなき看守」グレゴリーである。

なぜマンデラらはポルズムーアに移送されたのか。彼自身とウィニーは、政権が囚人たちを恐れたためだ、と述べている。だが実際のところは、懐柔の必要を感じ、またそれが可能と判断したからだろう。そうした懐柔策は一九七六年、閣僚の一人がホームランド政策の容認を条件に刑期の短縮を提案して以来、何度か進められてきた。もちろんマンデラは提案を拒絶したが、当局にも現実主義者の本質は認識されていたのである。反対に、共産主義と軍事路線を固守したゴヴァン・ムベキは、マンデラらから引き離された。

一九八〇年代前半、政権は刑務所の外で硬軟両様の構えを見せていた。まず、MKが南アフリカ国内の施設を襲撃すると、警察は報復攻撃を行った。八二年八月には、モザンビークの首都マプトにいたスロヴォの妻ルース・ファーストが、警察が送り付けた小包爆弾によって殺害される。その一方で八三年、政権は白人議会に加えてカラード議会、インド人議会の開設を決めた(三院制議会)。しかしアフリカ人には、ホームランドの「独立」を理由に参政権を認めなかったことなどから、これに抗議するUDF(統一民主戦線)が結成される。UDFは数百の市民団体、教会団体、労働組合などの連合体で、フリー・マンデラ・キャンペーンの影響を受け自由憲章の理念を掲げていた。ただし、ANC/共産党とはあくまでも別組織だった。

アパルトヘイト体制への国際的圧力も高まる。アメリカ合衆国のレーガン大統領とイギリスのサッチャー首相は、反共の立場から国民党政権を支援した。だが、両国はそれぞれに反アパルトヘイトの市民運動を抱えていた。また、インドなどの英連邦諸国も南アフリカへの経済制

5−10　マンデラの回答を代読するジンジスワ

裁をイギリスに求める。さらに八四年には、ＵＤＦの主要な活動家で南部アフリカ聖公会牧師のデズモンド・ツツがノーベル平和賞を受賞した。このような圧力を受け、サッチャーは南アフリカ政府にマンデラの釈放を助言する。

サッチャーの助言に従った南アフリカのピーター・ヴィレム・ボータ大統領は、八五年一月三一日に議会で、暴力を放棄すればマンデラを釈放する、と演説した。これに対してマンデラは、自分の自由より民衆の自由が大事、と回答し拒否する。この回答は同年二月一〇日、ツツのノーベル平和賞受賞を祝うＵＤＦの集会で、末娘のジンジスワが代読し、世界中の共感を呼んだ。

しかし、政権側は諦めなかった。その直後、マンデラが前立腺肥大症の手術のため刑務所外の病院に入院すると、法相のコビー・クッツェーが見舞いに訪れた。面会は雑談で終わったが、退院後、彼はポルズムーアで別棟の個室に移された。政権はマンデラ一人を懐柔しようとしたのである。同じころ、ウィニーは追放先のブランドフォートから許可なくヨハネスブルクに戻って来たが、当局はこれも黙認した。

暴力の応酬と交渉の開始

一九八三年ないし八四年から、南アフリカの都市アフリカ人居住区と農村ホームランドは騒乱状態に陥った。通勤バス・白人商店・学校のボイコット、家賃値上げ反対のデモ、在宅ストなどが頻発した。このなかには、UDFが組織したものもあれば、そうでないものもあった。また、抗議活動の一部は暴力化する。これに対して政府は、八五年七月と八六年六月に非常事態宣言を出し、活動家を拷問・殺害するなど徹底的に弾圧した。特に八六年六月の宣言を受け、アメリカ合衆国次いでイギリスも南アフリカへの経済制裁を始めた。

この騒乱で悲惨だったのは、アフリカ人のなかに白人への協力者が存在し、アフリカ人同士の暴力の応酬が行われたことである。九四年までに数万人が殺害された。もっとも重要な白人への協力者は、ホームランドの一つクワズールーの首相マンゴスツ・ブテレジだった。ブテレジはズールー王家の出身で、少なくとも一九七〇年代初頭まではANCと蜜月関係を築いていた。ところがその後、彼の率いるインカタ民族文化解放運動(インカタは王冠の意)は、ズールー人を他のアフリカ人から引き離すズールー・ナショナリズムを鼓舞してANCと対立する。他

5-11　犠牲者の葬儀(1985年ごろ)

方でブテレジは、白人政権から引き出した富を老齢年金などの形で民衆に再分配して人気取りを行い、自身の権力強化に役立てた。八〇年代インカタは、クワズールーに隣接するナタールや、ズールー人出稼ぎ労働者のいたランドでUDFと報復合戦を繰り広げる。

こうした状況の下で八六年ごろから、マンデラとクッツェー法相らの交渉が断続的に行われた。政権側としては、いくら非常事態宣言を出しても騒乱状態が収まらず、経済制裁の影響も深刻化し、アパルトヘイト体制の維持は困難になっていた。その一方でANC/共産党としても、MKの武装闘争によって体制を打倒することはとうてい不可能だった。双方とも手詰まりに陥っていたのである。

交渉ではまず、政権側がANCの暴力放棄を求めたが、マンデラは、それは「あなたがた次第である」と答えた。また、政権側はＡＮＣと共産党の関係解消を望んだが、マンデラは、共産党がＡＮＣを支配している事実はない、とかわした。この二点は、一九五〇年代の反逆罪裁判以来繰り返されてきた議論と言える。さらに政権側は、同じく五〇年代に採択された自由憲章の項目「地下の鉱物資源、銀行、独占産業は、人民全体の所有へと移管される」の国有化志向も問題視した。これに対してマンデラは、富の公平な分配を求めているに過ぎない、と応じた。

他方、新たな論点も登場する。政権側は、アフリカ人支配下での白人の権利を危惧した。そこでマンデラは、自由憲章前文の「南アフリカは、黒人も白人も、そこで暮らすすべての人々に属する」の箇所を引用し、人種融和の観念を説いた。政権移行の可能性を意識した議論と言えるだろう。

この時期、ＡＮＣの亡命組織も白人との対話を行っていた。中心的役割を演じたのは、タンボの了解を得たターボ・ムベキである。

5–12　マンゴスツ・ブテレジ

ムベキは八五年九月の経済界のリーダーたちとの対話を皮切りに、南アフリカの有力者と欧米、アフリカの各地で会った。八七年一一月からは政権との交渉も始めている。またタンボも、八七年一月にアメリカ合衆国のシュルツ国務長官、九月にイギリスのハウ外相と会談した。これらの対話は、ANCの権威を高める。その一方で白人は、数百の団体の連合体で中央集権的組織を持たないUDFを、交渉相手として認めなかった。UDFは、やがてANCに吸収されていく。

さらにANCの対話路線は、MKの司令官で、今や南アフリカ共産党の書記長になっていたスロヴォも支持する。スロヴォは一九八六年、ゴルバチョフ書記長の下で開かれたソ連共産党第二七回大会に出席し、また米ソ首脳外交の進展を見て、時代の変化を機敏に感じ取った。八七年三月にはジャーナリストとの会見で、「南アフリカの政権移行は交渉を通して達成される」と述べている。他方で、軍事路線と共産主義を軌道修正した。早くも八六年には、「暴力の増大を望んだことは一度もない」「白人支配を転覆したその日に社会主義や共産主義へ「棒高跳び」〔一足飛び〕できると考えるのは〔カンボジアの〕ポル・ポト・イデオロギーである」と発言し、あまりの変貌ぶりから周囲を驚かせている。

5-13　ボータ大統領(右から2人目)との会見．右端はコビー・クッツェー．

二人の大統領との会見

一九八八年八月、マンデラは初期の結核の治療のため再びポルズムーアの外の病院に入院する。一二月の退院後、彼は同じケープタウン近郊のフィクター・フェルスター刑務所に移された。入ったのはもはや監房ではなく、副所長の役宅である。政権側は、マンデラにぜいたくな暮らしをさせることで交渉を有利に進める心積もりだった。役宅にはプールも付いていたが、泳げないマンデラはボディボードの上で腹這いになって浮かんだ。また、看守の一人が料理人として配属された。マンデラは相変わらず下戸だったものの、来客にはワインまで振る舞われる(来客もかなり認められるようになった)。ただし、マンデラは自分で皿洗いをした。看守に

5–14　フレデリック・ヴィレム・デクラーク

「皿洗いまでしなければならないという憤りが生じるのを防ぐ」ためである。マンデラは自分で電子レンジを使い、ベッドメイキングもした。

フィクター・フェルスターに移ってからも政権側との交渉はつづいた。そして、八九年七月にボータ大統領との会見が実現する。この会見は雑談で終わったのに加え、ボータは翌月の八月に大統領を辞任した。だが後任のフレデリック・ヴィレム・デクラークは、就任演説で人種間の「和解」を提唱する。一〇月にはシスル、カトラダらが釈放され、公共施設の「白人専用」「非白人専用」の別も撤廃された。

さらに一二月、マンデラがデクラークと会見した。席上、マンデラはＡＮＣ、共産党などの非合法化解除と全政治囚の釈放を求める。デクラークはその場では回答しなかったが、翌九〇年二月二日の議会演説で非合法化解除とマンデラの釈放を発表する。

一九八〇年代半ばからマンデラ／ＡＮＣと白人の対話が行われていたとはいえ、八九年末以降に事態が急展開した背景としては、一一月のベルリンの壁崩壊が大きかった。冷戦の終焉は、アパルトヘイト体制に「反共の砦」としての存在意義を失わせたのである。しかし当時、ANC／共産党の側も苦境に置かれていたことを忘れてはならない。彼らを支援してきたソ連はなお存続していたが、アフリカどころではなくなりつつあった。他方、共産党は八〇年代前半から鄧小平《とうしょうへい》の中国との関係改善を進めていたが、その中国も八九年の天安門事件の弾圧で西側諸国の非難を浴び、国際的に孤立を深めていた。

偶像化と背信の種

ここで、時計の針をやや前に戻そう。マンデラは、結核で入院する直前の一九八八年七月一八日に七〇歳の誕生日を迎えた。この前祝いとして、イギリスのＢＢＣは六月一一日にロンドンのウェンブリー・スタジアムでロックコンサートを開催し、タンボも招かれる。また、同じ年にはアメリカ・ニューヨークのブロードウェイで、マンデラを崇拝する女子学生を主人公としたミュージカル「サラフィナ！」が初上演された。

この時期、周囲の者たちによるマンデラの偶像化も進んだ。当人自身有名になっていたマンデラの妻、ウィニーの自伝が一九八五年に出されたのにつづき、翌八六年には、メアリー・ベンソンによるマンデラ伝が改訂された。ベンソンの著書は、ウィニーによる手紙などの資料提

5–15　ファティマ・ミーア(右)とジンジスワ

供を得ていた。ただし、ウィニーは同書に満足しなかったようである。九〇年には、マンデラ家と極めて親しかったファティマ・ミーアがもう一冊のマンデラ伝を上梓する。とりわけ、政治に興味のなかった若い女性の成長を描くウィニーの自伝はマンデラの偶像化に貢献した。一〇六頁で述べたように、ウィニーへの関心を通じて世界はマンデラの存在を思い出した経緯があったためである。

だが一九八〇年代半ばから、ウィニーは独自の道を突き進んだ。彼女は、当時の騒乱における暴力の応酬の中心にいた。「カーキ色の軍服に軍靴とベレー帽」という出で立ちで若者たちを組織し、「マッチ箱とネックレスでこの国を解放しよう」と演説した。「マッチ箱とネックレス」とは、アフリカ人の対白人協力者の首にタイヤを(ネックレスのように)掛け、そこにマッチで火を点けて「処刑」することにより、白人たちに恐怖感を与えよう、という意味である。八〇年代末には、ウィニー配下の若者たちによるリンチ殺人が表面化した。

このリンチ殺人表面化を機にＡＮＣでは、ウィニーを排除する動きが強まる。マンデラも当初はウィニーを擁護したが、二人のあいだには次第に溝ができた。しかし、一部の民衆はウィニーを支持しつづける。アフリカ人のなかには、マンデラ／ＡＮＣによる白人との対話路線を裏切りと感じ、ウィニーに望みを託す者が少なくなかったからである。

対話路線をめぐる裏切りの懸念は、時に緊張をもたらした。八九年一一月、マンデラはフィクター・フェルスターで来客に、南アフリカは他のアフリカ諸国のように経済的に破綻してはならず、国有化は最良の手段でない、と語った。この発言が当の来客によって公表されると、アフリカ人の一部の者は激しく反発した。アパルトヘイトは、高級住宅地の白人とスラムの黒人という経済的不平等の問題でもあり、当時、白人企業の国有化は格差の有効な解決策と考えられていた。ところが、それが実現しないとなると富の再分配は行われない可能性が高まったためである。結局マンデラは、九〇年一月に別の来客を通じ、自由憲章の国有化条項を再確認する声明を出した。

三章で述べたように、一九五〇年代のマンデラは社会主義と資本主義の混合経済を志向していたと思われる。それが八〇年代には、資本主義に傾斜するようになった。ただし経済に疎《うと》いマンデラは、ＡＮＣが政権を掌握すれば、ある程度の貧困解消はできると考えていたのかもしれない。だがサセックス大学で経済学の修士号を取得し、特に経済界のリーダーたちと会合を重ねていたターボ・ムベキらについて、同じことは言えなかっただろう。アフリカ人民衆に対する後年のマンデラ政権の「背信」の種はすでに蒔かれていた。

第6章
老獪な「聖人」

一　釈放から総選挙まで

釈放と諸外国歴訪

一九九〇年二月一一日、マンデラは二七年ぶりに釈放された。フィクター・フェルスターの門前には、数百人の報道関係者と数千人の支持者が詰め掛けた。その日の夜になってマンデラは、ケープタウン市庁舎前の広場に集まった人々に向けて演説した。演説の眼目は、白人との対話路線をめぐる裏切りの懸念について釈明することだった。マンデラは、アフリカ人らに向かって自分のことを「あなたがた民衆の卑しいしもべ」「ANCの忠実で規律あるメンバー」と表現した。また、これまでの対話は予備的なものに過ぎず、「わが国の将来についての〔本〕交渉……が民衆の頭越しや背後で進められることはあり得ない」と述べた。

翌一二日には、南部アフリカ聖公会のケープタウン大主教となっていたデズモンド・ツツの邸宅で記者会見が行われた。この会見での重点は前日の演説とは違い、「白人側の恐怖感」を解消することだった。マンデラは、「白人も同じ南アフリカ人です。わたしたちは、白人に安

6-1　ケープタウンで演説するマンデラ．背後で眼鏡を掛けているのはシスル，顔が半分隠れているのはウィニー．

心して暮らしてほしいし、この国の発展に尽くしてきた白人層の功績をわたしたちが高く評価していることを知ってほしいのです」と語った。

こうした一連のマンデラの発言には、国内外の(白人)投資家も注目していた。釈放当日の二月一一日は日曜日で、市場は休みだった。マンデラの「軟化」を期待していた投資家たちは、当日夜の市庁舎前でのアフリカ人らに寄り添った演説の中身にショックを受けた。翌月曜日、南アフリカの株式市場は暴落し、通貨ランドは一〇％下落する。だがその後、ツツ大主教邸での記者会見の内容が伝えられると、株価とランドは若干持ち直した。

さらに翌一三日火曜日、マンデラはヨハネスブルク・ソウェトのサッカースタジアムで一〇万人を前に演説した。この演説の主題は、黒人の「住宅の不足、学校の危機、失業率や犯罪発生率の高さ」だった。ケープタウンの演説で、裏切りの懸念について釈明した流れに沿ったものである。しかしここでは、「不平等の是正に資金を使わせる」ことは約束したが、企業の国有化には触れなかった。前日の市場の反応を意識したのだろう。

二月二五日にナタール州やオレンジ自由州でそれぞれ一〇万人規模の集会を終えると、マンデラは、亡命ANCの本部が置かれていたザンビアへ向かった。議長のタンボが前年の八九年八月に脳卒中で倒れていたため、マンデラは執行委員会で副議長に選出され、実質的な議長となった。また三月二一日には、長年南アフリカの占領下にあったナミビアの独立記念式典に出席した。

その後も、マンデラの諸外国歴訪はつづいた。四月一六日には、ロンドンのウェンブリー・スタジアムで一九八八年六月以来再び開かれたロックコンサートに参加した。六―七月には欧米諸国とキューバ、一〇月には日本なども訪れた。マンデラの国内での演説や記者会見は、黒人の支持をつなぎ止めながら白人の恐怖心を解消しようとするものだったが、諸外国歴訪にも二つの側面が存在した。一つは、カストロら同志たちと各国の反アパルトヘイト運動に謝意を表すことである。カストロとキューバは、六〇年代初頭にマンデラの武装闘争のお手本だっただけでなく、七〇年代以降、アンゴラの親ソ政権などを通じてＡＮＣを支援していた。そして、マンデラの諸外国歴訪のもう一つの側面は、これまで白人側に立ってきた西側諸国に支持を求めることである。財政的にも、ソ連・東ドイツなどの援助を失ったＡＮＣにとって、各国政府による資金提供や民間からの寄付は不可欠になっていた。

対話の進展とマンデラの役割

マンデラの諸外国歴訪のあいだにも、政権との対話は進展した。ただし、そこにはさまざまな難関が立ちはだかった。マンデラがナミビアの独立記念式典に出席した五日後の三月二六日には、ヨハネスブルク近郊のセボケンで警察がデモ隊に発砲し、十数人が殺害される。これに抗議して、マンデラは交渉の無期延期を発表した。

だがマンデラとデクラーク大統領は秘かに連絡を取りつづけ、五月初めにはケープタウンでＡＮＣと政府の代表団による公式会談が行われた。場所は、一九世紀末にイギリス領ケープ植民地の首相を務めたセシル・ローズの旧邸フルーテ・スヒュールである。ＡＮＣの代表団はマンデラ、シスル、カトラダ、スロヴォ、ターボ・ムベキら一一名から成っていた。しかしこの人選は、人種とジェンダーのバランスを優先したものだった（アフリカ人七、白人二、カラード一、

6–2　フルーテ・スヒュールの公式会談．マンデラ，デクラークを第1列として，第2列左から3人目がスロヴォ，4人目で顔がほぼ隠れているのがシスル，第3列左から3人目がコビー・クッツェー，第4列左端でサングラスを掛けているのがカトラダ，第5列左から3人目がターボ・ムベキ．

インド人一で、アフリカ人のなかに女性が二名含まれた)。大半はお飾りで、デクラークの回想によれば、発言したのはマンデラ、スロヴォ、ムベキばかりだったという。会談の結果、六月には一部を除いて非常事態宣言が解除された。

ところが、七月に入ると別の難題が持ち上がった。共産党の政府転覆計画が明るみに出て、政権側は、書記長のスロヴォを交渉から排除するよう要求した。これに対してスロヴォは先手を打ち、MKによる武装闘争の停止を提案する。政府も譲歩し、八月には、全政治囚の特赦に向けたプロセスが始まった。

その一方でナタールやランドでは、八〇

年代以来のインカタとUDF／ANCの抗争が激化していた。マンデラは九〇年九月に、警察や治安部隊などの「第三勢力」がインカタに手を貸している、と非難した。それでもなお、対話への努力はつづけられた。特に、一二月にはタンボが三〇年ぶりに帰国し、ANCの会議で政権側への妥協を呼び掛けた。諸外国による経済制裁の緩和に率先して取り組もう、というのである。この提案は否決されたが、政府は翌九一年二月に住民登録法、集団別地域法、土地法の廃止を発表した。住民登録法の廃止により、すべての南アフリカ人についてどの人種に属するかを登録することはなくなり、また集団別地域法の廃止によって、人種ごとの居住区指定もなくなった。ただし土地法の廃止は、アフリカ人が自由に土地を保有することを形式的に認めたに過ぎず、白人農場を解体するなどの実質的な改革は行われなかった。

ここで、対話におけるマンデラの役割を考えてみたい。実際の交渉を担ったのは八〇年代以来ターボ・ムベキで、主要な妥協を図ったのはスロヴォ(と闘病中のタンボ)だった。だが、対話の陰ではセボケンの虐殺やインカタとの抗争がつづき、交渉と妥協への不満は渦巻いていた。そこでマンデラは、虐殺の現場へ行って人々を慰めるとともに、妥協の受け入れを説得した。一方では、交渉の無期延期発表や第三勢力発言の場合のように、民衆に寄り添い、政権側に対して怒りをあらわにした。デクラークは、マンデラのこの側面について「怒鳴り付け、痛め付

6-3　シリル・ラマポーザ(左)とスロヴォ

けるやり方」と評している。怒りっぽいのは、多くの人が証言しているように特に若いころの彼の性格的特徴だったが、こうした姿を見せることにはカタルシスの効果もあった。しかし他方で、マンデラは和解も説きつづけた。

民衆に寄り添い、怒りをあらわにしながら和解も説くなかで彼の声価は高まり、九一年七月のANC大会では正式に議長に選出される。大会では、労働組合の顧問弁護士出身で三八歳のシリル・ラマポーザが書記長に選ばれた。二〇二一年現在の大統領である。また副議長は、クリス・ハニとターボ・ムベキのあいだで折り合いが付かず、シスルが就任した。ハニはスロヴォの後継者として共産党の書記長に就いたが、ムベキは役職に就かず一時的に背景に退き、スロヴォと労使交渉の経験豊富なラマポーザが対話の主務を担うこととなった。

さらに、ＡＮＣ大会ではウィニーも全国執行委員に選出された。だが彼女は当時、リンチ殺人の裁判中だった。判決には執行猶予が付いたものの、その前に夫妻は別居した。マンデラはヨハネスブルクの白人住宅地に移り、ウィニーは彼の主要な政治的批判者になっていく。

紛争の調停者

その後も、政権側との対話は停滞と進展を繰り返した。ＡＮＣ大会と同じ九一年七月には治安警察によるインカタへの資金提供が発覚し、マンデラの言う第三勢力の存在が証明された。それでもＡＮＣと政府は、九月に抗争停止のための全国平和会議、一二月と翌九二年五月に民主南アフリカ会議を開いた。特に民主南アフリカ会議では、政権移行の諸問題が話し合われた。しかし、ＡＮＣが単独政権を目指すのに対し、政府／国民党はＡＮＣ、インカタとの連立政権を求めた。さらにインカタは、クワズールーで権力を維持するため連邦制を主張し、会議は暗礁に乗り上げた。

そこで業を煮やしたＡＮＣは、「継続的大衆行動」を宣言する。これはライプツィヒ・オプションとも呼ばれ、一九八九年の東ドイツ・ライプツィヒ市民の先例に倣い、連続的にデモな

6-4 民主南アフリカ会議(1991年12月)

どを実施して体制を崩壊に追い込もうとしたものである(東ドイツの市民が立ち向かった相手、つまり「体制側」がANCの重要なスポンサーだった事実は、都合よく忘れ去られた)。この宣言を受けてインカタは九二年六月一七日、ANCの強い影響下にあったヨハネスブルク近郊のボイパトン居住区を襲撃し、四十数人を殺害する。だが、ANCはなおもデモやストライキをつづけ、九月七日にもホームランドの一つシスカイの主都ビショで、当局によって二十数名が殺された。

ここで妥協を図ったのは、またしてもスロヴォだった。スロヴォはANCの部内で、白人政権の手強さを説き、「われわれは、敗北した敵とは交渉していない」と述べ、「戦略的撤退」を提案した。具体的には、政府/国民党による連立政権の要求を年限付きで受け入れ、公安関係者の恩赦を認め、公務員の雇用や生涯年金を保証した。九月二六日にはマンデラとデクラークが会談し、一一月一八日にはスロヴォの提案がANCの全国執行委員会で了承され、翌九三年二月には政府との基本合意が発表された。四月一日からは、民主南アフリカ会議に代わる多党派交渉フォーラムも開かれた。しかしスロヴォ案は、ウィニーらの激しい批判にさらされた。実際、提案の各項目はいずれも将来に大きな禍根を残すことになる。

このようななか、共産党の書記長となっていたハニが四月一〇日にヨハネスブルク近郊の白人住宅地で暗殺された。犯人は、対話に反発する白人至上主義者のポーランド系移民だった。マンデラは国営放送でテレビ演説し、すべての黒人と白人に冷静さを保つよう訴えた。そこでは、暗殺者の逃走車両を目撃したアフリカーナー女性がナンバーを警察に通報した事実が強調された。黒人=被害者、白人=加害者の対立構図を和らげるためである。

今夜、わたしは、黒い肌の、そして白い肌の南アフリカ人ひとりひとりに、心の奥底から語りかけています。偏見と憎しみに満ちたひとりの白人がこの国へ来て、国全体を大惨事に巻き込みかねない凶悪な罪を犯しました。アフリカーナーの生まれを持つひとりの白人女性が、自分の身を危険にさらして、その犯人を指で差し、裁きの場へ引き出しました。〔略〕すべての同胞に、冷静な心を失わないよう訴えます。規律ある平和の勢力のなかに踏みとどまることで、クリス・ハニの思い出をたたえましょう。（東江一紀訳『自由への長い道』）

この演説は、マンデラ＝紛争の調停者のイメージを決定づけた。だが、四月二四日には闘病中のタンボも亡くなった。

総選挙

ハニとタンボの死後、政権移行協議は少しずつ進んでいった。九三年六月には、総選挙を翌九四年の四月下旬に実施することが決まった。九三年一一月には暫定憲法が承認され、選挙で五％以上得票したすべての政党が連立内閣を構成すること、連立の期間は五年とすること、新憲法を議会の三分の二以上の賛成で制定することなどが定められた。一二月には、選挙までのあいだ政府の職務を代行する暫定執行評議会も発足した。また同じ一二月には、マンデラとデクラークがノーベル平和賞を共同受賞する。

その一方で九四年に入っても、ブテレジと、ハニ暗殺で存在感を増した白人右翼は総選挙へ

6-5　ノーベル平和賞の授賞式におけるマンデラとデクラーク

の参加を拒みつづけた。ただし白人右翼については、マンデラが前年から懐柔を進めていた。彼はアフリカーナー右翼の指導者コンスタント・フィリュンらを自宅に招いたが、みずから玄関まで出迎え、来客のカップに紅茶を注いでミルクと砂糖を入れる。また、重要なことにはアフリカーンス語で話し掛けた。さらに、アフリカーナーの「人間らしさ」に敬意を抱いていると述べ、「アフリカーナーの農場主は、雇い人の子どもが病気になれば自分の車でその子を病院に運ぶ。電話で容態を確認して、両親を面会に連れていき、寛大なところを見せる」（八坂ありさ訳『インビクタス』）と彼らの「理想化されたセルフイメージ」を肯定した。監獄の看守たちと同じように、フィリュンらは感銘を受け、九四年三月には選挙への参加を決める。

しかし、ブテレジは頑強だった。三月二八日には、伝統的な槍などを持ったインカタのデモ隊がヨハネスブルクのANC本部に向かって行進した。ところが、デモ隊の阻止に警察は消極的な姿勢を見せた。このときのマンデラの対応は、紛争の調停者のイメージとは百八十度異なるものである。マンデラは、火器を携行したANCの保安要員に「諸君は、たとえ人を殺すことになっても本部を守らなければならない」と命じた(引用はマンデラ自身の証言によるものなので、実際の発言はもっと激しかった可能性もある)。保安要員はデモ隊に発砲し、五十数名の死者が出た。万策尽きたブテレジは、投票直前の四月一九日になって選挙への参加を表明した。同じころ、政権移行協議に反対していた各地のホームランドも民衆のデモなどによって次々と倒れ、南アフリカに再統合された。

このような動きと並行して、選挙戦が展開された。ANCは、国内外の実業家などから豊富な資金提供を受け、また、アメリカ合衆国のクリントン大統領が九二年に初当選した際の選挙スタッフを雇い入れた。黒人有権者にとって最大の関心事は、依然として貧困の解消にあった。だがマンデラは、九二年二月に出席した世界経済フォーラムのダボス会議で企業国有化を最終的に放棄していた。同席したデクラークとブテレジが国有化に反対し、他の参加者の支持を集めたのを見て観念したためである。そこで選挙戦では、一〇〇万戸の住宅建設や電気・水道の供給を謳うＲＤＰ（復興開発計画）が前面に掲げられた。しかし国有化を放棄し、一方でスロヴォ案が白人公務員の生涯年金を保証したりするなかで原資をどのように確保するのか、課題は残された（後述）。

それでもマンデラは、主要なライヴァルのデクラークを圧倒していった。投票の一〇日前、二人はテレビ討論に臨んだ。ディベートそのものは、デクラーク優位に進行した。だが最後に、マンデラは彼の不意を衝《つ》いて手を取り、「あなたは、わたしが頼りにしている一人です……わたしは、ともに前へ進んでいくために、手を握ることを誇りに思います」と言った。ロベン島で黒人意識運動のメンバーを勧誘したときと同様、「統一の促進者」として「父親のよう」に振る舞い、最終的に討論で勝利したのである。

二　マンデラ政権

権力の分有

総選挙の投開票は、九四年の四月下旬に行われた。全四〇〇議席のうち、ＡＮＣは二五二議

表6-1　連立内閣の組織

マンデラ大統領	
経済問題委員会 （委員長：ターボ・ムベキ第一副大統領）	安全保障委員会・情報活動委員会 （委員長：デクラーク第二副大統領）
経済閣僚（国民党中心）	軍・警察関係の閣僚（ANCがほぼ独占）

席（得票率六二・六五％）を獲得したが、新憲法を単独で制定できる三分の二にはわずかに届かなかった。他の政党は、国民党が八二議席（二〇・三九％）、インカタ（インカタ自由党）が四三議席（一〇・五四％）、フィリュンらアフリカーナー右翼の自由戦線が九議席（二・一七％）などである。

この結果、暫定憲法の規定に従い、五％以上得票したANC、国民党、インカタ自由党が連立内閣を構成することになった。大統領は言うまでもなくマンデラだが、第一副大統領にはターボ・ムベキ、第二副大統領にはデクラークが就いた。やはり暫定憲法の、二〇％以上得票した政党は副大統領を出すことができる、という規定に沿ったものである。また二七の閣僚ポストは、ANC一八、国民党六、インカタ自由党三と比例配分され、ブテレジも内相として入閣した。

表6-1は連立内閣の組織を示している。国防相など軍・警察関係のポストはANCがほぼ独占する一方、財務相、鉱業・エネルギー問題相などの経済閣僚は国民党中心に割り当てられた。これに対し、経済閣僚を統轄する閣内の経済問題委員会の委員長は第一副大統領のターボ・ムベキ、安

6-6　南アフリカの新しい州区分(1994年)

全保障委員会と情報活動委員会の委員長は第二副大統領のデクラークが務めた。クロスさせることで権力の分有を図る仕組みだった。

マンデラ政権ではANCの闘争の功労者も処遇された。スロヴォは、RDPの一翼を担う住宅相に就いたものの、八か月後の九五年一月に病死する。ターボ・ムベキの父で、マンデラとともにロベン島に収容されていたゴヴァンは上院副議長に選ばれた。他方、シスルはANC副議長の地位をターボ・ムベキに譲り、カトラダと並んで大統領の顧問になった。

ところで、総選挙の前には州区分が改められ、選挙では、新しい各州の政府をどの党が担うかも争われた。ANCは全九つの州のうち七つの州で勝利したが、ウェスタンケープ州では国民党、クワズールー・ナタール州ではインカタ自由党が過半数を制した。ウェスタンケープ州での国民党の勝利は、白人だけでなく多くのカラードが投票したことによる。第3章で述べたトロツキストの伝統は過去のものになりつつあったが、カラードたちはアフリカ人の多数派支配を警戒し、マンデラとANCの重要な抵抗勢力でありつづけた。

虹の国の高揚感から国民党の連立離脱へ

マンデラの大統領就任式は、九四年五月一〇日に挙行された。式典では別居中のウィニーに代わり、娘でスワジランドの王子と結婚していたゼナニがファーストレディの役割を務めた。マンデラは演説で、さまざまな肌の色の人々が共生する理想を「虹の国」と表現している。

私たちは誓約する。自分たちの心に何の恐れも抱くことなく、人間の尊厳に対する不可侵の権利を保障されて、黒人も白人も、すべての南アフリカ人が胸を張って歩くことができるような社会を、すなわち自分自身と世界に対して平和的な「虹の国」を、建設していくということを。

（峯陽一『南アフリカ』）

6-7　大統領就任式．前列左からターボ・ムベキ，マンデラ，ゼナニ，デクラーク．

就任式ではまた、ANCの公式歌「ンコシ・シケレリ・アフリカ」とアパルトヘイト時代の国歌「ディ・ステム・ファン・ソエィト・アフリカ」（南アフリカの声）がともに斉唱された。

虹の国の高揚感は、九五年五―六月のラグビーワールドカップ南アフリカ大会でクライマックスに達した。この点については、本書の冒頭で紹介した映画『インビクタス』に描かれているとおりである。『インビクタス』では、マンデラのボディーガードになった白人のSPと黒人の保安要員が紆余曲折を経て協力していくようすも映し出されている。こうした光景は当時、政府機関の至るところで見られた。

マンデラ自身も、しばらくは和解の姿勢を見せつづけた。九五年八月には、シャープヴィル虐殺時の首相だったフェルヴールトの妻で存命のベツィを訪ねている。フエルヴールトその人は在任中の一九六六年、組織的背景を持たない白人に暗殺されていたが、証明手帳(ドムパス)、バントゥー教育法、ホームランドなどアパルトヘイトの重要政策の立案者でもあった。また九五年一一月には、リヴォニア裁判でマンデラの死刑を求刑した検察官ペルシー・ユタールが大統領公邸に招かれている。

しかし同じころ、マンデラは政権内でデクラークとの対立を深めた。マンデラは、日々の政務に興味を示すことが少なく閣議を頻繁に欠席し、特に経済問題ではターボ・ムベキに多くを

6-8　マンデラとベツィ

6-9　マンデラとペルシー・ユタール

委ねた。ところがデクラークのことは信用せず、安全保障委員会と情報活動委員会に事細かに口出しする。他方でANCは、他党議員らの切り崩しによって新憲法から連立内閣の規定を削除しようとした。この憲法案が下院を通過したことを受け、国民党は九六年六月に連立を離脱する。ただし、インカタ自由党は政権に残留した。ブテレジは副大統領の地位には就けなかったものの、マンデラとムベキの外遊時には留守居役を務め、「大統領代行閣下」と呼ばれた。

真実和解委員会とその限界

黒人と白人の権力分有が解消するのと相前後し、文化や過去の記憶の領域における「アフリカ化」も進んだ。まず、州名のハウテン、ムプマランガなどを手始めにアフリカ風の地名が次々と採用された。英語とアフリカーンス語は、アフリカ系の九言語と並ぶ公用語にとどまったが、英語が共通語でありつづけたのに対し、アフリカーンス語の地位は大幅に低下していった。また、新しい祝日も導入された。例えばシャープヴィル虐殺の三月二一日は人権の日、ソウェト蜂起の六月一六日は青年の日、ANCの女性たちがドムパス反対の行進をした八月九日は国民女性の日とされる。

さらに九五年一二月には、議会が設置した、ツツ大主教を長とする真実和解委員会が活動を始めた。同委員会は、過去の人権侵害を調査して加害者に恩赦を与えるかどうかを個別に判断し、併せて被害者に補償することを目指した。活動は九八年一〇月までつづき、五〇回以上の公聴会が開かれて二万件以上の陳述が行われた。

委員会が調査した人権侵害の多くは、白人政権側によるものだった。ただし対象には、MKによる南アフリカ国内施設の襲撃やアンゴラ訓練キャンプでのリンチ殺人、ウィニーの罪状なども含まれた。このことはANCの反発を招いたが、マンデラは、本人の言によれば「〔ANC側の人権侵害を指摘する〕多くの欠点があるにもかかわらず」報告書を受け取った。

6-10　ツツから真実和解委員会の報告書を受け取るマンデラ

それでも、批判者たちは委員会を「ANCの道具」と見なした。旧体制側の委員の比率が低く、MKの武装闘争自体は正当と判断されたからである。当時の世論調査では、アフリカ人の七二%が委員会の活動を評価したのに対し、白人の七二%は否定的だったことが明らかになっている。九四年三月二八日にインカタのデモ隊に死者が出たのはマンデラの命令によるものなのかどうかについては、委員会に先立って上院で問題視された。だが、マンデラは正当防衛を主張し、疑惑を取り上げたアフリカーンス語新聞を批判した。真実和解委員会は結局、マンデラの処罰を求めなかった。

しかし委員会の活動全体について、アフリカ人の側にも不満は残った。一つの理由は、加害者の多くが罰せられずに済んだためである。今は亡きスロヴォの、公安関係者の恩赦を認める妥協案が尾を引いていた。他方で被害者への補償も、原資の不足から十分な内容にはほど遠かった。

外交

このように九〇年代後半の南アフリカ国内では、権力分有や虹の国などの白人への配慮は次第に失われていった。同様のことは外交についても言える。初期のマンデラ政権では、欧米諸国との協調が目立った。象徴的なのは、大統領就任式直後の九四年六月一日に行われた南アフリカのコモンウェルス復帰である。一九六一年五月三一日、当時のフェルヴールト政権がコモンウェルス脱退を実行に移してから三三年が経っていた。マンデラは、イギリスのエリザベス女王やアメリカ合衆国のクリントン大統領らとも個人的な関係を結んだ。

6-11　エリザベス女王とマンデラ

しかし、その後は独自路線を垣間見せていく。特に、欧米諸国に敵視されていたリビアのカダフィ(ムアンマル・カッザーフィー)への擁護を鮮明にした。カダフィが政権の座に就いたのは、マンデラがまだ獄中にあった一九六九年のことである。カダフィは当初PACを支持していたが、やがてANCを支援するようになる。彼は、マンデラの「ブラザー・リーダー」と呼ばれた。マンデラ政権はまた、東アジアでは台湾と断交し、中国と国交を結んだ。白人政権下の南アフリカと台湾はともに長く反共同盟の一翼を担っていたが、九〇年代に入ると李登輝政権はANCへの援助を始めた。それでも、ANCは中国共産党との伝統的な同盟関係に回帰する。

マンデラ政権は、SADC(南部アフリカ開発共同体)などを通して周辺諸国との関係も強化した。九七年、マンデラはザイール(現コンゴ民主共和国)の紛争を調停する。また翌九八年九月、レソトで騒擾が起こると軍の部隊を派遣した。ただし、これらの行動は「南アフリカ帝国主義」との批判も招いた。さらに、外遊に忙しいマンデラが珍しく国内にいると、白人たちは「今週、マンデラ大統領は南アフリカを訪問中である」と皮肉った。

RDPからGEARへ

以上の統治機構、文化・過去の記憶、外交などと違って、マンデラ政権は富の再分配の分野ではいち早く独自色を出した。RDP(復興開発計画)は、九四年の総選挙におけるANCの最重要公約だった。また政権発足後の同年一一月には、白人によって奪われた黒人の土地の権利を回復する法案が可決された。

だがRDPは、国内外の経済界やIMF(国際通貨基金)、世界銀行などの反対に遭った。余計な出費より、前政権から引き継いだ債務の返済が先だ、とされたのである。この債務の四〇%は、実は白人公務員の生涯年金に起因していた。ここでも、彼らの年金を保証するスロヴォの妥協案が尾を引いた。スロヴォが生きていれば、RDPの一翼を担う住宅相としてやがては、かつての約束が現在の政策の手足を縛るディレンマに陥ったことだろう。通貨ランドなど金融市場は、南アフリカの財政破綻を恐れて下落を重ねた。

そこで経済政策を統轄するターボ・ムベキは、九六年にRDPを白紙撤回してGEAR(成長・雇用・再分配計画)を打ち出す。緊縮財政、公共サービスの民営化、さらには企業のための解雇規制撤廃など、再分配とは名ばかりのネオリベラリズム政策である。黒人の貧困解消は遠のき、失業率や犯罪発生率は高止まりした。それでも、周辺諸国より経済規模の大きい南アフリカには移民が流入し、やがてブラジル、ロシア、インド、中国と並んでBRICSと称されるようになる。しかし国内からは、貴重な就業の機会が奪われることなどを理由に、移民排斥の動きも強まった。他方で土地の権利回復は、九七年二月施行の新憲法にも明記されるが、同じ憲法にあった(白人農場主らの)私有財産保護規定に進展を阻まれた。

もちろん、豊かになった黒人もいた。ANCの活動家たちは九四年以降、政官界だけでなく経済界にも進出した。ラマポーザ書記長も、九七年には実業家に転身している。また高等教育を受けた者は、アファーマティブ・アクション(積極的差別是正措置)によって引き上げられた。その一方で、新政権では汚職が深刻化する。

では、こうした状況をマンデラはどう考えたのか。彼はANC議長の地位を、九七年一二月の大会でターボ・ムベキに譲った。マンデラは席上、連立を離脱した国民党を「反革命の反民主主義勢力」と呼び、インカタのデモ隊への発砲など、事あるごとに自分を批判する白人メディアに苛立ちを見せた。返す刀で、彼は白人実業家の強欲や黒人政治家の汚職を非難する。さらに、「〔ANC政権が〕グローバル市場の反応を考慮せずに経済政策を決定できない」ことを嘆いた。

しかしマンデラに、経済政策そのものを改めるつもりはなかった。彼は翌九八年六月、共産党の大会に出席した。ハニなくスロヴォなく、共産党はすっかり「若者たち」の党に様変わりしていた。彼らはGEARを激しく批判したが、これは、マンデラのもっとも気に障るところに触れることになる。彼は、ANCとの関係を解消するのか、と問い、「ANCを離れる場合には、共産党はその意味を知らなければならない」と述べた。だが、批判者たちは何も言い返せなかった。ANCと異なり、大衆政党への変身に失敗した共産党は、「下駄の雪」のように付いていく他なかったからである。

マンデラは、貧困問題を解決できない苛立ちを慈善事業で解消しようとしたのかもしれない。彼は多数の学校や診療所を建てる一方で、ストリートチルドレンらの救済を目的とするマンデラ児童基金を設立した。大統領の給与の三分の一が基金の運営に充てられたが、当然それだけ

6-12　結婚披露パーティーのマンデラとグラサ．後ろにはスティーヴィー・ワンダーやマイケル・ジャクソンら．

ではまったく足りなかった。彼は富豪の友人たちに寄付を募り、ファッションモデルのナオミ・キャンベルを始めとする親しいセレブリティにチャリティイベントへの協力を依頼した。ただしこの点については、「実業家たちにあまりにも媚びを売っている」との批判も寄せられた。

マンデラは九六年三月、ウィニーと正式に離婚した。その後、八〇歳の誕生日を迎えた九八年七月一八日の朝に三度目の結婚を発表する。相手は、モザンビークの初代大統領である故サモラ・マシェルの妻グラサだった。急遽披露宴を兼ねることになった誕生パーティーには国内外の著名人約二〇〇〇人が出席し、なかには歌手のスティーヴィー・ワンダーやマイケル・ジャクソンの姿まであった。このパーティーは、彼がもはや監獄やスラムとは真逆の、華やかな世界の住人であることを世界に印象づけた。

終　章

大統領退任後のマンデラ

一九九九年六月、マンデラは大統領を一期で退き、ターボ・ムベキが後を継いだ。ロベン島の同志であるゴヴァン・ムベキは二〇〇一年八月、シスルは〇三年五月に亡くなった。だがマンデラの歩みはつづく。その活動分野は、外交と慈善事業の二つだった。前者については、アフリカの内陸国ブルンジの内戦を調停した。また、大統領退任直後にはマンデラ財団が設立された。

マンデラ財団は当初、学校や診療所の建設を目的とした。しかし次第に、南部アフリカで深刻化していたＨＩＶ／エイズの問題に特化するようになる。４６６６４キャンペーンと呼ばれる一連のチャリティコンサートが開かれたが、４６６／６４とは、ロベン島でマンデラが与えられた番号で、一九六四年に収監された四六六番目の囚人の意である。マンデラ児童基金の活動も、エイズで親を亡くした子どもたちのための事業にシフトしていった。

他方で、ＨＩＶ／エイズの問題はさまざまな軋轢を生んだ。マンデラがムベキ政権の無策を批判したため、両者の関係にはひびが入った。さらに二〇〇五年一月には、弁護士として立ち直りつつあった次男のマハトがこの病気で亡くなった。ところが、マンデラが家族の意思に反

E-1 マンデラと子どもたち．前列左からジンジスワ，ゼナニ，マカジウェ，後列右はマハト．

して死因を公表したため、次女のマカジウェは「息子の死を自分の事業に利用している」と非難する。

その他の活動を見ていこう。二〇〇二年には、マンデラ・ローズ財団が発足した。ローズとは、一九世紀末のケープ植民地首相で鉱山王でもあったセシル・ローズのことである。彼の死後、莫大な遺産をもとにイギリスのオックスフォードでローズ財団が創設され、アメリカ合衆国のクリントン大統領ら数多くの奨学生を輩出してきた。だがもはや、帝国主義の推進者の名前を冠しつづけるわけには行かず、マンデラの助けを借りることになった。また〇七年七月には、イギリスのヴァージン・グループの会長リチャード・ブランソンとともに、国際的な人道活動グループであるエルダーズを創設した。国連事務総長を退いてまもないコフィー・アナンら著名人を集め、世界の紛争調停などに取り組む組織だった。

マンデラへの国際的顕彰も進んだ。二〇〇七年八月には、ロンドンのパーラメント・スクエアでマンデラ像の除幕式が行われた。一九六二年、アフリカ諸国からイギリスへ足を延ばし、ここで自分の銅像が立つことを予感してから四五年が経っていた。さらに二〇〇九年一一月には、国連が誕生日の七月一八日をネルソン・マンデラ国際デーに定めた。

マンデラの死とその後

その間、ターボ・ムベキは政争で失脚し、ムベキの元側近ジェイコブ・ズマが大統領の地位に就いた。このころから、マンデラの老化が目立つ。二〇一〇年七月、FIFA（サッカー）ワールドカップ南アフリカ大会の決勝戦に先立ってゴルフカートでスタジアムを一周したのを最後に、公式の場に姿を見せる機会はなくなった。

翌二〇一一年に入るとマンデラは、幼少期を過ごしたクヌ村に隠遁する。しかし彼の隠遁と相前後して、マンデラ家のさまざまなスキャンダルが報じられた。慎ましやかに述べれば、それまで一家では、ウィニーの二人の娘ばかりが注目を集めてきた。獄中の父親からボータ大統領への回答を集会で代読したのはジンジスワで、大統領就任式でファーストレディの役割を務めたのはゼナニだった。これに対し、最初の妻エヴェリンの子や孫らが政治的、経済的な失地回復を目指して問題が起こった(なお、エヴェリンその人は二〇〇四年四月に亡くなっていた)。

二〇一二年八月、ノースウェスト州のマリカナにあるプラチナ鉱山で、警察がストライキ中の労働者に発砲し、四十数名が殺害された。この事件は、かつてシャープヴィル虐殺などに抗議したＡＮＣが同じ轍《てつ》を踏んだことを意味した。だが、マンデラはもはや、何かしらの声明を出せる健康状態ではなかった。彼は一三年の一二月五日に、九五歳で逝去した。その葬儀について、日本ではでたらめな手話通訳のエピソードばかりが取り上げられた。しかし会場で真に目立ったのは、腐敗したズマ大統領への度重なるブーイングだった。

表Ｅ-1　2019年総選挙の結果

	議席数（全400議席）	得票率
ANC	230	57.50
民主同盟	84	20.77
経済的自由の戦士	44	10.79
インカタ自由党	14	3.38
自由戦線プラス	10	2.38
諸派	18	4.50

終わりに、最新の二〇一九年総選挙の結果をもとにマンデラ没後の情勢を見ておきたい(**表Ｅ-1**)。一九九四年から南アフ

リカでは、五年に一度総選挙が行われており、今回は六度目となる。ANCの議席数は二三〇で、二〇〇九年以来少しずつ減りつづけている。インカタ自由党は一四議席で、二〇〇四年の総選挙から野党に転じたが、やはり長期的な低落傾向にある。

その他の政党は、いずれも一九九四年の時点では存在しなかった。八四議席を獲得した民主同盟は、国民党が二〇〇〇年前後に分解してから白人やカラードの支持を引き継いだ(ただし国民党よりはリベラルな)政党である。四四議席の経済的自由の戦士は、貧困の解消を訴えて二〇一三年に結成された。晩年のウィニー(一八年四月逝去)やジンジスワ(二〇年七月逝去)が期待を寄せたことでも知られており、二〇一四年、一九年と議席数を急速に伸ばしている。この勢いに圧され、ANC政権(大統領は、政界に復帰したラマポーザである)も土地改革などを余儀なくされつつある。経済的自由の戦士の伸長が一時のブームに終わるのか長期化するのか、注目される。なお一〇議席の自由戦線プラスは、アフリカーナー右翼の諸勢力が糾合したものである。また、諸派のなかにはPAC(一議席)が含まれる。

プラグマティズムの功と罪

ここまで、マンデラの生涯をたどってきた。人は、彼をたたえる理由として、二七年もの長いあいだ獄につながれていた点を強調する。たしかにそれは、想像を絶する体験だった。だが問題は、ソブクウェやビコその他無数の人々のなかで、マンデラの苦難が特別なものではなかったことである。彼の「偉大さ」はむしろ、こうした苦難にもかかわらず最後は勝利を収めた点に求められる。

では、マンデラの成功の秘密はどこにあったのか。彼は、時代を超越した思想家ではなかった。五章で述べたように、アパルトヘイト体制の人種分類そのものを批判する「ポストコロニアル」の鋭さを、マンデラが持つこともなかった。

彼の勝因の一端は、柔軟なプラグマティズムにあった。それはすでに、ロベン島へ送られる前にも確認できる。マンデラは、共産党の中央執行委員まで務めた。ところが、『自由への長い道』によれば一九五〇年代、彼の家の壁にはスターリンの肖像や「ペトログラード冬宮襲撃の写真」とともに、ローズヴェルトとチャーチルの肖像が掛かっていた、という。このことは、二人が大西洋憲章で「人民の自決」(民族自決)を掲げたためと思われる。ロシア革命の写真と三人の肖像が並ぶのは、冷戦下としては奇妙な光景だった。しかし、南アフリカのような場所で運動を成功させるには、必要な柔軟さでもあった。

マンデラのプラグマティズムは、別のところにも表れた。彼の家の壁には、ガーンディーの肖像も掲げられた。だがマンデラにとって、非暴力主義は選択肢の一つに過ぎなかった。彼は中国革命の経験を忘れなかったし、六〇年代に入ってキューバ革命が持てはやされると、それに倣って武装闘争を始めた。また、独立してまもないアフリカ諸国を訪れた後には、一度離れたアフリカニズムに再接近する。マンデラ自身の言葉を借りれば、まさに「何でも役立て」たのである。他方で、ファッショナブルなスポーツマンや「黒はこべ」としての自己演出も怠らなかった。

その後の獄中二七年は、マンデラのプラグマティズムに異なる顔を与えた。生活上の必要から、彼は白人の看守たちを感化することを学んだ。さらに、歳を重ねて父親のような相貌も身に付けた。釈放後の日々は、マンデラの政治的生涯の集大成となる。彼は冷戦の終結にも柔軟に対応し、白人たちを安心させ、全国民の父として振る舞った。年齢ゆえにスポーツマンでありつづけることは難しかったが、新たにラグビーとの関係が重要になった。また九〇年代半ば以降は、スーツに代わってカラフルなシャツを着る機会が多くなり(インドネシアのスハルト大統領の影響と言われる)、マンデラのファッションに新しい一面が加えられた。

しかし彼のプラグマティズムは反面、経済的不平等の問題を放置する結果につながった。マンデラ政権は黒人の貧困解消や土地の権利回復よりも、財政の再建と経済のグローバル化を優先した。たしかに二〇〇〇年代、隣国のジンバブエが白人農場の収用を進めると、欧米諸国はムガベ大統領の独裁を非難し、市場は通貨のハイパーインフレーションで応えた。この事例を見れば、南アフリカの選択は止むを得なかったようにも思える。それでも、多くの民衆はアパルトヘイト後の状況について、期待を裏切られたと感じた。「はじめに」で紹介した、本物のマンデラは刑務所で殺された、という都市伝説は、政権誕生前夜にこうした背信を予感したものと言える。その一方でマンデラ自身に関しては、富豪やセレブリティとの交際が目立つようになった。

E–2　パーラメント・スクエアのマンデラ像

独自路線を垣間見せることもあったとはいえ、彼は、欧米諸国にとって優等生だった。特に「イギリスやその文化がわれわれに及ぼした影響」を称賛し、南アフリカをコモンウエルスに復帰させた。これに対してイギリス側も、パーラメント・スクエアにマンデラ像を建てることなどで応じた。だが近年、彼が財団の延命に力を貸したセシル・ローズをめぐって、南アフリカでは銅像の撤去が行われた。黒人に差別的な発言をしていたガーンディーについても、アフリカ諸国では同様の動きが進んでいる。ローズ・マスト・フォールやガーンディー・マスト・フォールと呼ばれるものだが、遠い将来、マンデラ・マスト・フォールの運動も起こるのだろうか。

読書案内

マンデラは、日本語でかなりの量の文献が読める、南アフリカ史で唯一の分野である。まずは自伝から。**『自由への長い道――ネルソン・マンデラ自伝』**（東江一紀訳、上下巻、日本放送出版協会、一九九六年）は、すでに「はじめに」で紹介した。ただし、同書の記述は一九九四年の大統領就任式で止まっている。その後については、多少書き進められたものの未完に終わった。この原稿に作家のマンドラ・ランガが筆を補い、九九年の大統領退任までをカヴァーしたのが、Nelson Mandela and Mandla Langa, *Dare Not Linger: The Presidential Years* (New York: Farrar, Straus and Giroux, 2017)である。なおタイトルの 'Dare Not Linger' は、『自由への長い道』の最後の一節「〔大統領になっても〕のんびりしてはいられない」から取られている。

次に演説・論文集。**『ネルソン・マンデラ――闘いはわが人生』**（浜谷喜美子訳、三一書房、一九九二年）に関しては五章で触れた。これ以外にも、共産党員の編集者ルース・ファーストが一九六五年に出した**『自由への容易な道はない――マンデラ初期政治論集』**（峯陽一監訳・鈴木隆洋訳、青土社、二〇一四年)がある。『**ネルソン・マンデラ——私自身との対話**』(長田雅子訳、明石書店、二〇一二年)は、マンデラ財団による日記、手紙、インタビューなどのアンソロジー。『**ネルソン・マンデラ——未来を変える言葉**』(長田雅子訳、明石書店、二〇一四年)は名言集である。

その他のマンデラ本は、いくつかのジャンルに分けられる。第一のジャンルは、一九八〇年代の反アパルトヘイト運動の文脈で書かれたもの。ウィニー・マンデラ『**わが魂はネルソンとともに**』(阿部登・村山淳彦訳、新日本出版社、一九八七年)、伝記のメアリー・ベンソン『**ネルソン・マンデラ**』(阿部登・村山淳彦訳、新日本出版社、一九八九年)やファティマ・ミーア『**新装版ネルソン・マンデラ伝——こぶしは希望より高く**』(楠瀬佳子他訳、明石書店、二〇一四年)などで、本書五章の記述も参照されたい。

第二のジャンルは一九九〇年代以降、イギリス人ジャーナリストによって執筆されたもの。伝記 *Mandela: The Authorized Biography* (New York: Vintage Books, 1999) の著者アンソニー・サンプソン(Anthony Sampson)は、一九五〇年代に南アフリカで『ドラム』誌の編集長を務めた一方で、運動とは距離があった。マンデラによる国有化の放棄も肯定的に評価している。なお翻訳の『**マンデラ——闘い・愛・人生**』(濱田徹訳、講談社、二〇〇一年)は、マンデラとボータの会見以降の抄訳である。ジョン・カーリン『**インビクタス——負けざる者たち**』(八坂ありさ訳、日本放送出版協会、二〇〇九年)は、クリント・イーストウッドの映画の原作。否定的な側面には言及せず、「あくまでも前向きな物語」「自己啓発本」を目指している。カーリンには、『**二人のマンデラ——知られざる素顔**』(新田享子訳、潮出版社、二〇一四年)もある。David James Smith, *Young Mandela: The Revolutionary Years*(New York: Little, Brown and Company, 2010)は出版当初、マンデラとエヴェリンの離婚の事情などを明らかにして話題になった。だが、同書の価値はマンデラ自身と言うより、一九五〇年代を中心に活動家たちの人間模様を描いたところにある。

第三のジャンルはアカデミックなものだが、日本語で読むことはできない。Tom Lodge, *Mandela: A Critical Life*(Oxford: Oxford University Press, 2006)は政治学者、Colin Bundy, *Nelson Mandela*(Auckland Park, South Africa: Jacana, 2015)は歴史家が著した伝記。

以下、これら三つのジャンルに当てはまらないマンデラ本を列挙する。ゼルダ・ラグレインジ『**ネルソン・マンデラ　私の愛した大統領——秘書が見つめた最後の一九年**』(長田雅子訳、明石書店、二〇一六年)は、マンデラのアフリカーナー女性秘書による回想。ジャック・デリダ他『**この男この国——ネルソン・マンデラに捧げられた一四のオマージュ**』(鵜飼哲他訳、ユニテ、一九八九年)とジャック・ラング『**ネルソン・マンデラ**』(塩谷敬訳、未來社、二〇一〇年)は、フランス人らが書いたもの。リチャード・ステンゲル『**信念に生きる——ネルソン・マンデラの行動哲学**』(グロービス経営大学院訳、英治出版、二〇一二年)は、『自由への長い道』のゴーストライターによるビジネス書。ベニー・グール/ロジャー・フリードマン『**ネルソン・マンデラ——その世界と魂の記録**』(金原瑞人・松浦直美訳、西村書店、二〇一八年)は写真集。「**総特集 ネルソン・マンデラ**」(『現代思想』三月臨時増刊号、二〇一四年)は、マンデラの逝去に際して国内外の論考を編んだもの。彼とミッション教育の関係をめぐる白人作家J・M・クッツェーの寄稿「**ネルソン・マンデラは危険な時代に、騒然となった彼の国をまとめた**」(くぼたのぞみ訳)も、ここに所収されている。新井淳也・サイトウケンジ『**ネルソン・マンデラ**』(小学館、二〇一九年)は学習漫画。

南アフリカの入門書としてはいまだに、峯陽一『**南アフリカ——「虹の国」への歩み**』(岩波新書、一九九六年)を超えるものはない。南アフリカ史の通史には、レナード・トンプソン『**南アフリカの歴史 最新版**』(宮本正興他訳、明石書店、二〇〇九年)やロバート・ロス『**南アフリカの歴史**』(石鎚優訳、創土社、二〇〇九年)がある。

最後に個別テーマをめぐって。南アフリカにとってのイギリスの意味や一九五〇年以前の共産党、カラード/トロツキストなどについては、堀内隆行著『**異郷のイギリス——南アフリカ**

のブリティッシュ・アイデンティティ』(丸善出版、二〇一八年)を参照。Saul Dubow, *The African National Congress*(Stroud: Sutton Publishing, 2000)はANCの通史。指紋登録に対するガーンディーの抗議、フェルヴールトの証明手帳(ドムパス)、ブテレジの老齢年金などに関しては、キース・ブレッケンリッジ『**生体認証国家——グローバルな監視政治と南アフリカの近現代**』(堀内隆行訳、岩波書店、二〇一七年)がある。同書は、生体認証国家のモデルがマンデラ政権以降も継承され、他のアフリカ諸国やブラジル、メキシコ、インド、アメリカ合衆国に輸出されたと論じる。スティーヴ・ビコ『**俺は書きたいことを書く——黒人意識運動の思想**』(峯陽一他訳、現代企画室、一九八八年)は原典の翻訳として貴重。Stephen Ellis and Tsepo Sechaba, *Comrades against Apartheid: The ANC and the South African Communist Party in Exile*(London: James Currey, 1992)は、アンゴラ訓練キャンプでのリンチ殺人を含めて亡命中のANC/共産党の軌跡をたどる。真実和解委員会をめぐっては、阿部利洋『**紛争後社会と向き合う——南アフリカ真実和解委員会**』(京都大学学術出版会、二〇〇七年)が重要。ナオミ・クライン『**ショック・ドクトリン——惨事便乗型資本主義の正体を暴く**』(幾島幸子・村上由見子訳、上下巻、岩波書店、二〇一一年)は、第一〇章で南アフリカのGEARの問題点をグローバルな文脈から告発する。

あとがき

わたしは学生のころ、イギリス帝国史研究から入り、まもなく南アフリカ史に軸足を移したが、当時マンデラはまだ遠い存在だった。主な理由は、アフリカ人と対極にいるイギリス系白人のアイデンティティが研究テーマだったためだが、訳はそれだけではなかった。こういう「人たらし」の人物には近づきたくないと思い、彼の話題を忌避していたことも大きかった。

転機は、イギリスに留学してマンデラの読書課題を与えられたときに訪れた。膨大な課題図書の中で、当時目に留まったのはアパルトヘイト期最後の大統領デクラークの自伝だった。彼の政治的立場に共鳴したわけではないが、デクラークは、マンデラに「たらされなかった」数少ない一人である。その後しばらくして、研究上も共産党とイギリスの関係などが射程に入り、マンデラに接近するようになった。さらに近年は、授業等で彼について扱う機会も増えた。

そうしたなかで、次のようなことも考えた。マンデラに関する書籍は、それぞれに対象への愛にあふれている。だが反面、政治家としての彼は冷静に評価されていないのではないか。マンデラはイギリス系のミッション教育を受け、また彼の歩みにおいてはパス(身分証明書)が大きな問題となった。その点では、南アフリカにとってのイギリスの意味を探り、ブレッケンリッジの翻訳を契機に生体認証にも関心を寄せてきた筆者の経験が活かせるかもしれない、と。ただし本書には、マンデラへの愛が足りず、それもあってマンデラの「偉大さ」が強調されない難もあるだろう。しかし、歴史学としては止むを得ないとも感じている。

いささか唐突だが、昨今の中国当局による香港民主派への弾圧について、あるテレビ番組でコメンテーターが「鄧小平ならこんなことはしなかったのに」と話すのを耳にした。だが、本当にそうだろうか。鄧小平が香港に対して寛容だったのは当時、中国の国際的立場が弱く、冷戦の終結で共産党支配それ自体が体制転換を迫られていたことと関係している。彼が特に「偉大」だったり「寛容」だったわけでは、決してないだろう。似たようなことは、一九八九年の天安門事件の七か月後に釈放されたマンデラに関しても言える。マンデラが紛争の調停者として振る舞ったのは、やはり冷戦の終結でANC／共産党が窮地に立たされていたためである。

人はすべて時代の所産であり、時代背景が分からなければ理解できない。もちろんこの原則を踏まえた上で、人物が傑出している理由に迫ることは重要である。マンデラの場合、それは感化能力や自己演出力、もしくはリアリズムだろうか。

最後に、岩波書店の石橋聖名さんは、本書のさまざまな偏りに寛容に対処してくださり、写真が大量で煩雑な編集作業にもご尽力いただいた。また、本書に至る研究活動では多くの方のお世話になったが、今回は特にアラビア語の人名表記について、九州大学の山尾大さんのご教示を得た。以上、記して感謝申し上げたい。

二〇二一年五月

堀内隆行

索　引

＊太字は写真掲載頁

欧語(略称)

ア行

カ行

マ行

ヤ行

ラ行

ワ行

関連年表

＊背景となる南アフリカ全体の動きは、明朝体

年	月 日	出 来 事
1652年		オランダ東インド会社が今日のケープタウンに補給基地を建設
1814年		ケープ植民地がイギリス領に
1899～1902年		南アフリカ(ボーア／ブール)戦争
1910年		イギリス自治領の南アフリカ連邦が成立
1918年	7月18日	マンデラが当時のケープ州ムヴェゾ村で生まれる
1925年ごろ		クヌ村に移る
1930年		ムケケズウェニの宮廷に引き取られる
1934年		エンコボのクラークベリー寄宿学校に入学
1937年		フォートボーフォートのヒールドタウン校に進学
1939年		アリスのフォートヘア大学に進学
1941年		トランスヴァール州のヨハネスブルクに移る
1943年		ヴィットヴァータースランド(ヴィッツ)大学法学部に入学
1944年		ANC青年連盟の執行委員に．エヴェリン・マセと結婚
1948年		アパルトヘイト開始
1950年		共産党非合法化．住民登録法成立
1952年		不服従運動．オリヴァー・タンボと法律事務所を開設．ANC第一副議長に
1955年	6月25日	クリップタウンの人民会議で自由憲章採択
1956年	8月 9日	ANCの女性たちが証明手帳(ドムパス)反対の行進
	12月	一斉検挙，反逆罪裁判へ
1958年		ウィニー・マディキゼラと再婚
1960年	3月21日	シャープヴィル虐殺
	4月	ANCとPACが非合法化
1961年	5月31日	南アフリカがコモンウェルス(イギリス連邦)を脱退して共和国に
	12月16日	MKが最初の攻撃
1962年	1月10日～7月30日	アフリカ諸国を歴訪
	8月5日	逮捕，獄中生活の始まり
1964年	6月	リヴォニア裁判で終身刑の判決．ロベン島に移送

関連年表

年	月日	出来事
1976年	6月16日	ソウェト蜂起
1977年		ウィニーがオレンジ自由州のブランドフォートに追放される(～85年)
1982年		ポルズムーア刑務所に移送
1983年～		都市のアフリカ人居住区と農村のホームランドが騒乱状態に
1988年	12月	フィクター・フェルスター刑務所に移送
1989年	12月	デクラークと会見
1990年	2月 2日	ANC・共産党・PACの非合法化解除が発表される
	2月11日	マンデラ釈放
	3月26日	セボケン虐殺
	5月	ANCと政府の代表団による公式会談
1991年	2月	アパルトヘイト諸法の廃止が発表される(6月廃止)
	7月	マンデラANC議長に
1992年	6月17日	ボイパトン虐殺.
	9月 7日	ビショ(シスカイ)虐殺.
	11月18日	ジョー・スロヴォの「戦略的撤退」案がANCの全国執行委員会で了承される
1993年	4月10日	共産党書記長のクリス・ハニが暗殺される
	11月	暫定憲法承認
	12月	マンデラとデクラークがノーベル平和賞を共同受賞
1994年	3月28日	ANCの保安要員がインカタのデモ隊に発砲
	4月下旬	総選挙
	5月10日	大統領就任式
	6月1日	南アフリカがコモンウェルスに復帰
1995年	5～6月	ラグビーワールドカップ南アフリカ大会
	12月	真実和解委員会が活動開始(～98年10月)
1996年	6月	国民党が連立離脱. GEAR開始
1997年	12月	マンデラANC議長を退任
1998年	7月18日	グラサ・マシェルと三度目の結婚
1999年	6月	大統領を退任
2005年	1月	次男のマハトがエイズのため逝去
2010年	7月	FIFAワールドカップ南アフリカ大会. マンデラが公式の場に姿を見せた最後の機会
2012年	8月	マリカナの虐殺
2013年	12月5日	マンデラ逝去

図版・地図出典一覧

- ：の後ろの数字は、（　）内に記した出典の頁を表す．
- p. ××ff. は、×× 頁以降の別刷図版を表す．
- * 付き書目は、本書「読書案内」に書誌を掲載．

P–1: p. 170ff.／6–1: p. 170ff.／6–8: p. 170ff.／6–11: p. 170ff. (*Nelson Mandela and Mandla Langa, *Dare Not Linger*, 2017)

P–2: p. 154ff. (James Gregory with Bob Graham, *Goodbye Bafana: Nelson Mandela, My Prisoner, My Friend*, London: Headline, 1995)

1–1（地図）：iv 頁／1–5（地図）：63 頁／5–2（地図）：v 頁／6–6（地図）：iv 頁（* 峯陽一『南アフリカ』1996 年をもとに修正）

1–2: p. 68ff.／1–3: p. 68ff.／3–13: p. 68ff.／4–10: p. 228ff.／4–12: p. 228ff.／6–2: p. 228ff.／6–9: p. 388ff.／6–12: p. 388ff. (*Anthony Sampson, *Mandela*, 1999)

1–4: 6 頁／1–7: 54 頁／2–1: 53 頁／3–11: 59 頁／4–11: 69 頁／6–10: 183 頁（* ベニー・グール／ロジャー・フリードマン『ネルソン・マンデラ』2018 年）

1–6: p. 148ff.／3–2: p. 148ff.／3–3: p. 148ff.／3–5: p. 276ff.／3–6: p. 148ff.／3–10: p. 148ff.／4–6: p. 276ff.／5–1: p. 276ff.／5–3: p. 276ff.／6–3: p. 404ff.／E–1: p. 404ff.（Nelson Mandela, *Long Walk to Freedom*, New York: Little, Brown and Company, 1994／邦訳『自由への長い道』は「読書案内」等も参照）

1–8: p. 216ff.／2–2: p. 216ff.／2–6: p. 216ff.／2–7: p. 216ff.／3–4: p. 216ff.／3–12: p. 216ff.／4–8: p. 216ff. (*David James Smith, *Young Mandela*, 2010)

2–3: p. 68ff.／2–9: 口絵．(A. Lerumo (Michael Harmel), *Fifty Fighting Years: The Communist Party of South Africa, 1921-1971*, London: Inkululeko, 1971)

2–4: p. 94／3–7: p. 127／4–4: p. 140／5–14: p. 195 (Robert Ross, *A Concise History of South Africa*, Second Edition, Cambridge:

Cambridge University Press, 2008)
2-5: p. 232ff.／4-13: p. 232ff. (Martin Meredith, *Mandela: A Biography*, New York: PublicAffairs, 1997)
2-8 (Wikimedia Commons, DurbanSign1989, jpg)
3-1: p. 284 (Robert R. Edgar (ed.), *An African American in South Africa: The Travel Notes of Ralph J. Bunche 28 September 1937 – 1 January 1938*, Athens, Ohio: Ohio University Press, 1992)
3-8: 口絵 27／5-11: 口絵 32 (* レナード・トンプソン『南アフリカの歴史』2009 年)
3-9: 口絵／5-8: 口絵／5-10: 口絵（* ネルソン・マンデラ『闘いはわが人生』1992 年)
4-1: 165 頁（* キース・ブレッケンリッジ『生体認証国家』2017 年)
4-2: No. 228／4-7: No. 235／5-15: No. 241 (Uma Dhupelia-Mesthrie, *From Cane Field to Freedom: A Chronicle of Indian South African Life*, Cape Town: Kwela Books, 2000)
4-3: p. 88ff. (Benjamin Pogrund, *How Can Man Die Better: The Life of Robert Sobukwe*, Johannesburg: Jonathan Ball, 1990)
4-5: 3 頁／5-7: 4 頁／5-13: 5 頁／6-7: 6 頁（* ジョン・カーリン『インビクタス』2009 年)
4-9（**地図**）: 464 頁（*『ネルソン・マンデラ——私自身との対話』2012 年)
5-4（**地図**）（旅行のとも，ZenTech をもとに修正）
5-5: p. 96ff. (Eddy Maloka, *The South African Communist Party: Exile and after Apartheid*, Auckland Park, South Africa: Jacana, 2013)
5-6: p. 160ff. (Xolela Mangcu, *Biko: A Life*, London: I. B. Tauris, 2012)
5-9: p. 146ff. (Mark Gevisser, *Thabo Mbeki: The Dream Deferred*, Johannesburg: Jonathan Ball, 2009)
5-12: p. 108ff.／6-4: p. 284ff.／6-5: p. 284ff. (F. W. de Klerk, *The Last Trek: A New Beginning: The Autobiography*, London:

MacMillan, 1998)
E-2（筆者撮影）

堀内隆行

1976年京都府生まれ
1999年京都大学文学部西洋史学専修卒業
2009年同大学大学院文学研究科より博士号取得.
日本学術振興会特別研究員，新潟大学准教授を経て
現在—金沢大学歴史言語文化学系准教授
専攻—南アフリカ史、イギリス帝国史
著書—『異郷のイギリス——南アフリカのブリティッシュ・アイデンティティ』(丸善出版)，『現代の起点 第一次世界大戦』第1巻(山室信一ほか編，分担執筆，岩波書店)ほか
訳書—『生体認証国家——グローバルな監視政治と南アフリカの近現代』(ブレッケンリッジ著，岩波書店)

ネルソン・マンデラ
——分断を超える現実主義者《リアリスト》　岩波新書(新赤版)1888

2021年7月20日　第1刷発行

著　者　堀内隆行《ほりうちたかゆき》

発行者　坂本政謙

発行所　株式会社 岩波書店
〒101-8002 東京都千代田区一ツ橋2-5-5
案内 03-5210-4000　営業部 03-5210-4111
https://www.iwanami.co.jp/

新書編集部 03-5210-4054
https://www.iwanami.co.jp/sin/

印刷・精興社　カバー・半七印刷　製本・中永製本

ISBN 978-4-00-431888-0　Printed in Japan

岩波新書新赤版一〇〇〇点に際して

ひとつの時代が終わったと言われて久しい。だが、その先にいかなる時代を展望するのか、私たちはその輪郭すら描きえていない。二〇世紀から持ち越した課題の多くは、未だ解決の緒を見つけることのできないままであり、二一世紀が新たに招きよせた問題も少なくない。グローバル資本主義の浸透、憎悪の連鎖、暴力の応酬――世界は混沌として深い不安の只中にある。

現代社会においては変化が常態となり、速さと新しさに絶対的な価値が与えられた。消費社会の深化と情報技術の革命は、種々の境界を無くし、人々の生活やコミュニケーションの様式を根底から変容させてきた。ライフスタイルは多様化し、一面では個人の生き方をそれぞれが選びとる時代が始まっている。同時に、新たな格差が生まれ、様々な次元での亀裂や分断が深まっている。社会や歴史に対する意識が揺らぎ、普遍的な理念に対する根本的な懐疑や、現実を変えることへの無力感がひそかに根を張りつつある。そして生きることに誰もが困難を覚える時代が到来している。

しかし、日常生活のそれぞれの場で、自由と民主主義を獲得し実践することを通じて、私たち自身がそうした閉塞を乗り超え、希望の時代の幕開けを告げてゆくことは不可能ではあるまい。そのために、いま求められていること――それは、個と個の間で開かれた対話を積み重ねながら、人間らしく生きることの条件について一人ひとりが粘り強く思考することではないか。その営みの糧となるものが、教養に外ならないと私たちは考える。歴史とは何か、よく生きるとはいかなることか、世界そして人間はどこへ向かうべきなのか――こうした根源的な問いとの格闘が、文化と知の厚みを作り出し、個人と社会を支える基盤としての教養となった。まさにそのような教養への道案内こそ、岩波新書が創刊以来、追求してきたことである。

岩波新書は、日中戦争下の一九三八年一一月に赤版として創刊された。創刊の辞は、道義の精神に則らない日本の行動を憂慮し、批判的精神と良心的行動の欠如を戒めつつ、現代人の現代的教養を刊行の目的とする、と謳っている。以後、青版、黄版、新赤版と装いを改めながら、合計二五〇〇点余りを世に問うてきた。そして、いままた新赤版が一〇〇〇点を迎えたのを機に、人間の理性と良心への信頼を再確認し、それに裏打ちされた文化を培っていく決意を込めて、新しい装丁のもとに再出発したいと思う。一冊一冊から吹き出す新風が一人でも多くの読者の許に届くこと、そして希望ある時代への想像力を豊かにかき立てることを切に願う。

（二〇〇六年四月）

岩波新書より

経済

日本の税金〔第3版〕　三木義一
金融政策に未来はあるか　岩村充
経済数学入門の入門　田中久稔
地元経済を創りなおす　枝廣淳子
会計学の誕生　渡邉泉
偽りの経済政策　服部茂幸
ミクロ経済学入門の入門　坂井豊貴
経済学のすすめ　佐和隆光
ガルブレイス　伊東光晴
ユーロ危機とギリシャ反乱　田中素香
ポスト資本主義 科学・人間・社会の未来　広井良典
タックス・イーター　志賀櫻
コーポレート・ガバナンス　花崎正晴
グローバル経済史入門　杉山伸也
新・世界経済入門　西川潤
金融政策入門　湯本雅士
日本経済図説〔第四版〕　宮崎勇・本庄真・田谷禎三

新自由主義の帰結　服部茂幸
タックス・ヘイブン　志賀櫻
WTO 貿易自由化を超えて　中川淳司
日本財政 転換の指針　井手英策
日本の税金〔新版〕　三木義一
世界経済図説〔第三版〕　宮崎勇・田谷禎三
成熟社会の経済学　小野善康
平成不況の本質　大瀧雅之
原発のコスト　大島堅一
次世代インターネットの経済学　依田高典
ユーロ 危機の中の統一通貨　田中素香
低炭素経済への道　諸富徹・浅岡美恵
「分かち合い」の経済学　神野直彦
グリーン資本主義　佐和隆光
消費税をどうするか　小此木潔
国際金融入門〔新版〕　岩田規久男
金融商品とどうつき合うか　新保恵志

金融NPO　藤井良広
地域再生の条件　本間義人
経済データの読み方〔新版〕　鈴木正俊
格差社会 何が問題なのか　橘木俊詔
景気とは何だろうか　山家悠紀夫
環境再生と日本経済　三橋規宏
社会的共通資本　宇沢弘文
景気と国際金融　小野善康
経営革命の構造　米倉誠一郎
ブランド 価値の創造　石井淳蔵
景気と経済政策　小野善康
戦後の日本経済　橋本寿朗
共生の大地 新しい経済がはじまる　内橋克人
シュンペーター　伊東光晴・根井雅弘
経済学の考え方　宇沢弘文
経済学とは何だろうか　佐和隆光
イギリスと日本　森嶋通夫
近代経済学の再検討　宇沢弘文

社会

サイバーセキュリティ	谷脇康彦
まちづくり都市 金沢	山出保
虚偽自白を読み解く	浜田寿美男
総介護社会	小竹雅子
戦争体験と経営者	立石泰則
住まいで「老活」	安楽玲子
現代社会はどこに向かうか	見田宗介
EVと自動運転 クルマをどう変えるか	鶴原吉郎
ルポ 保育格差	小林美希
津波災害〔増補版〕	河田惠昭
棋士とAI	王銘琬
原子力規制委員会	新藤宗幸
東電原発裁判	添田孝史
日本問答	田中優子 松岡正剛
日本の無戸籍者	井戸まさえ
〈ひとり死〉時代のお葬式とお墓	小谷みどり
町を住みこなす	大月敏雄
親権と子ども	榊原富士子 池田清貴
歩く、見る、聞く 人びとの自然再生	宮内泰介
対話する社会へ	暉峻淑子
悩みいろいろ	金子勝
魚と日本人 食と職の経済学	濱田武士
ルポ 貧困女子	飯島裕子
鳥獣害 動物たちと、どう向きあうか	祖田修
科学者と戦争	池内了
新しい幸福論	橘木俊詔
ブラックバイト 学生が危ない	今野晴貴
原発プロパガンダ	本間龍
ルポ 母子避難	吉田千亜
日本にとって沖縄とは何か	新崎盛暉
日本病 長期衰退のダイナミクス	金子勝 児玉龍彦
雇用身分社会	森岡孝二
生命保険とのつき合い方	出口治明
ルポ にっぽんのごみ	杉本裕明
鈴木さんにも分かるネットの未来	川上量生
地域に希望あり	大江正章
世論調査とは何だろうか	岩本裕
フォト・ストーリー 沖縄の70年	石川文洋
ルポ 保育崩壊	小林美希
多数決を疑う 社会的選択理論とは何か	坂井豊貴
アホウドリを追った日本人	平岡昭利
朝鮮と日本に生きる	金時鐘
被災弱者	岡田広行
農山村は消滅しない	小田切徳美
復興〈災害〉	塩崎賢明
「働くこと」を問い直す	山崎憲
原発と大津波 警告を葬った人々	添田孝史
縮小都市の挑戦	矢作弘
福島原発事故 被災者支援政策の欺瞞	日野行介
日本の年金	駒村康平

岩波新書より

変えてゆく勇気　上川あや
戦争で死ぬ、ということ　島本慈子
社会学入門　見田宗介
冠婚葬祭のひみつ　斎藤美奈子
壊れる男たち　金子雅臣
少年事件に取り組む　藤原正範
いまどきの「常識」　香山リカ
働きすぎの時代　森岡孝二
桜が創った「日本」　佐藤俊樹
生きる意味　上田紀行
ルポ 戦争協力拒否　吉田敏浩
ウォーター・ビジネス　中村靖彦
男女共同参画の時代　鹿嶋敬
当事者主権　中西正司・上野千鶴子
ルポ 解雇　島本慈子
豊かさの条件　暉峻淑子
人生案内　落合恵子
若者の法則　香山リカ
自白の心理学　浜田寿美男

原発事故はなぜくりかえすのか　高木仁三郎
日本の近代化遺産　伊東孝
証言 水俣病　栗原彬編
コンクリートが危ない　小林一輔
東京国税局査察部　立石勝規
ドキュメント 屠場　鎌田慧
能力主義と企業社会　熊沢誠
沖縄 平和の礎　大田昌秀
現代社会の理論　見田宗介
原発事故を問う　七沢潔
災害救援　野田正彰
命こそ宝 沖縄反戦の心　阿波根昌鴻
スパイの世界　中薗英助
都市開発を考える　大野輝之・レイコ・ハベ・エバンス
ディズニーランドという聖地　能登路雅子
原発はなぜ危険か　田中三彦
豊かさとは何か　暉峻淑子
農の情景　杉浦明平

光に向って咲け　粟津キヨ
異邦人は君ヶ代丸に乗って　金賛汀
読書と社会科学　内田義彦
科学文明に未来はあるか　野坂昭如編著
プルトニウムの恐怖　高木仁三郎
社会科学における人間　大塚久雄
沖縄ノート　大江健三郎
地の底の笑い話　上野英信
この世界の片隅で　山代巴編
音から隔てられて　入谷仙介・林瓢介編
ものいわぬ農民　大牟羅良
民話を生む人々　山代巴
死の灰と闘う科学者　三宅泰雄
米軍と農民　阿波根昌鴻
沖縄からの報告　瀬長亀次郎
暗い谷間の労働運動　大河内一男
ユダヤ人　J-P・サルトル　安堂信也訳
社会認識の歩み　内田義彦
社会科学の方法　大塚久雄

現代世界

トランプのアメリカに住む　吉見俊哉
ライシテから読む現代フランス　伊達聖伸
ベルルスコーニの時代　村上信一郎
イスラーム主義　末近浩太
ルポ 不法移民 アメリカ国境を越えた男たち　田中研之輔
習近平の中国 百年の夢と現実　林望
日中漂流　毛里和子
中国のフロンティア　川島真
シリア情勢　青山弘之
ルポ トランプ王国　金成隆一
ルポ 難民追跡 バルカンルートを行く　坂口裕彦
アメリカ政治の壁　渡辺将人
プーチンとG8の終焉　佐藤親賢
香港 中国と向き合う自由都市　倉田徹 張イクマン
〈文化〉を捉え直す　渡辺靖

イスラーム圏で働く　桜井啓子編
中南海 知られざる中国の中枢　稲垣清
フォト・ドキュメンタリー 人間の尊厳　林典子
㈱貧困大国アメリカ　堤未果
女たちの韓流　山下英愛
新・現代アフリカ入門　勝俣誠
中国の市民社会　李妍焱
勝てないアメリカ　大治朋子
ブラジル 跳躍の軌跡　堀坂浩太郎
非アメリカを生きる　室謙二
ネット大国中国　遠藤誉
中国は、いま　国分良成編
ジプシーを訪ねて　関口義人
中国エネルギー事情　郭四志
アメリカン・デモクラシーの逆説　渡辺靖
ユーラシア胎動　堀江則雄
オバマ演説集　三浦俊章編訳
ルポ 貧困大国アメリカⅡ　堤未果

オバマは何を変えるか　砂田一郎
イスラエル　臼杵陽
ネイティブ・アメリカン　鎌田遵
アフリカ・レポート　松本仁一
ヴェトナム新時代　坪井善明
イラクは食べる　酒井啓子
ルポ 貧困大国アメリカ　堤未果
エビと日本人Ⅱ　村井吉敬
北朝鮮は、いま　北朝鮮研究学会編 石坂浩一監訳
欧州連合 統治の論理とゆくえ　庄司克宏
バチカン　郷富佐子
国際連合 軌跡と展望　明石康
アメリカよ、美しく年をとれ　猿谷要
日中関係 戦後から新時代へ　毛里和子
いま平和とは　最上敏樹
「民族浄化」を裁く　多谷千香子
サウジアラビア　保坂修司
中国激流 13億のゆくえ　興梠一郎

岩波新書より

世界史